método trezentos

```
F811m    Fragelli, Ricardo.
            Método trezentos : aprendizagem ativa e colaborativa,
         para além do conteúdo / Ricardo Fragelli.– Porto Alegre :
         Penso, 2019.
            xv, 100 p. ; 23 cm.

            ISBN 978-85-8429-137-3

            1. Educação. 2. Didática. I. Título.

                                                          CDU 37
```

Catalogação na publicação: Karin Lorien Menoncin – CRB 10/2147

RICARDO FRAGELLI

método trezentos

aprendizagem ativa e colaborativa,
para além do conteúdo

2019

© Penso Editora Ltda., 2019

Gerente editorial
Letícia Bispo de Lima

Colaboraram nesta edição

Editora
Paola Araújo de Oliveira

Capa
Paola Manica

Foto da capa (grupo do Trezentos na disciplina de Cálculo 1 do curso de Engenharia – UnB, em maio de 2017)
Marcella Haack

Preparação de originais
Cristine Henderson Severo

Leitura final
Josiane Santos Tibursky

Editoração
TIPOS – design editorial e fotografia

Reservados todos os direitos de publicação à
PENSO EDITORA LTDA., uma empresa do GRUPO A EDUCAÇÃO S.A
Rua Ernesto Alves, 150 - Bairro Floresta
90220-190 – Porto Alegre – RS
Fone: (51) 3027-7000

SÃO PAULO
Rua Doutor Cesário Mota Jr., 63 – Vila Buarque
01221-020 – São Paulo – SP
Fone: (11) 3221-9033

SAC 0800 703-3444 – www.grupoa.com.br

É proibida a duplicação ou reprodução deste volume, no todo ou em parte, sob quaisquer formas ou por quaisquer meios (eletrônico, mecânico, gravação, fotocópia, distribuição na Web e outros), sem permissão expressa da Editora.

IMPRESSO NO BRASIL
PRINTED IN BRAZIL
Impresso sob demanda na Meta Brasil a pedido de Grupo A Educação.

Autor

Engenheiro mecânico, Mestre em Engenharia Mecânica e Doutor em Ciências Mecânicas pela Universidade de Brasília (UnB), **Ricardo Fragelli** é professor dos cursos de Engenharia da Faculdade UnB Gama e do Programa de Pós-Graduação em Design, onde orienta trabalhos na área de *design* educacional.

Por suas pesquisas em novos métodos, técnicas e tecnologias para a educação, recebeu diversos prêmios nacionais de instituições como Ministério da Educação (MEC), Ministério da Ciência, Tecnologia, Inovações e Comunicações (MCTIC), Coordenação de Aperfeiçoamento de Pessoal de Nível Superior (CAPES), Associação Brasileira de Educação a Distância (ABED), Associação Brasileira de Mantenedoras de Ensino Superior (ABMES) e Santander Universidades. Desenvolve pesquisas em sistemas inteligentes e adaptativos aplicados a educação, *design* educacional, ambientes interativos, técnicas e métodos educacionais baseados em aprendizagem ativa e colaborativa.

Por um momento, tente se lembrar de todas as pessoas que você ajudou
nos tempos de escola...

...o que me angustia é pensar naquelas que não
receberam qualquer tipo de ajuda.

O método Trezentos é uma estratégia para que não haja pessoas isoladas, oportunizando encontros improváveis nos quais os estudantes se ajudam a partir de metas cuidadosamente planejadas. Garanto que, ao final dessa experiência educativa, você terá visto um abraço voluntário de apoio e de cumplicidade entre duas pessoas totalmente diferentes, sem que qualquer indução tenha sido feita.

Para Thaís, Luísa, Vanessa e Alice.
O meu melhor Trezentos.

Agradecimentos

Este livro se abre de modo humilde e esperançoso para as metodologias ativas, mas a gratidão reluz com intensidade ímpar e com múltiplas cores, desde o início da evolução humana, no campo das virtudes ativas. Para agradecer, é necessário reconhecer e, intencionalmente, agir.

Fundamentado a essa perspectiva, agradeço aos estudantes que confiaram em nossas ações e investiram seu tempo no fomento da solidariedade. Que esse sentimento se estenda a todo aluno que, após ter olhado bastante para si, cativou o olhar para ver o outro de modo fraterno, se entusiasmando a aprender por novos caminhos, desafiando-se na tarefa de ensinar, enfrentando suas limitações, desenvolvendo suas potencialidades e descobrindo novos afins e novas finalidades. Especialmente, àquele que se empenhou para retirar a si mesmo ou os "estranhos" da turma do angustiante caminho do isolamento e do abandono. Meu muito obrigado!

Meu abraço mais forte, sincero e demorado aos estudantes veteranos – monitores e demais voluntários das minhas disciplinas – que estiveram ao meu lado, ombro a ombro, mesmo nas ações que exigiram maior esforço. Para vocês, que doaram tanto de si, minha gratidão mais nobre, genuína e inesgotável.

Aos professores e demais colaboradores da metodologia, minha gratidão por nos inspirarem a continuar e por expandirem as fronteiras do pouco que já conhecemos sobre o Trezentos, aplicando-o com serenidade e entusiasmo em novos contextos.

Agradeço aos críticos sinceros, que nos fizeram encontrar fissuras em nossas verdades e nos auxiliaram a construir uma metodologia melhor e mais eficiente.

Thaís, professora talentosa. Mulher forte e com mil virtudes. Meu farol. Minha esposa, amiga, parceira e conselheira. Obrigado pela leitura criteriosa do manuscrito deste livro e, principalmente, por transbordar minha alma e fazer espalhar um pouco dela em minhas ações.

E muito obrigado a você, leitor, que me inspirou a escrever esta obra. Espero que o Trezentos possa lhe ajudar do mesmo modo que ajudou a mim mesmo.

Ao longo dos anos, presenciei a formação de inúmeros grupos repletos de engajamento, diversidade, compromisso, empatia, superação e humanidade. Segue o registro de um deles, para que nos inspire a repensar nossa prática docente e nos encoraje a acreditar no protagonismo do estudante e na liberdade necessária para experienciar novos caminhos de aprendizagem.

Grupo do Trezentos na disciplina de Cálculo 1 do curso de Engenharia (UnB), em junho de 2017.

Apresentação

Senti-me honrado com o convite do professor Ricardo Fragelli para fazer a Apresentação desta obra, escrita por ele de forma tão cativante e de valor pedagógico inestimável.

Fragelli oferece aos professores dos diversos níveis de ensino e, em especial, da educação superior uma excelente descrição do funcionamento do método Trezentos, uma poderosa ferramenta pedagógica de aprendizagem ativa e colaborativa, criada por ele com o intuito de estabelecer um ambiente acadêmico mais inclusivo, no qual haja cumplicidade pela aprendizagem não apenas do professor em relação a seus alunos, mas de todos com todos, em uma sinergia que motiva, inspira e estimula o trabalho cooperativo, de modo que nenhum estudante em sala de aula permaneça ilhado ou invisível para seus colegas.

Um dos objetivos deste livro é mostrar que o desânimo de parte dos estudantes diante de certos conteúdos e as elevadas taxas de reprovação em algumas disciplinas podem ser resolvidos desde que se perceba que a solução está no próprio educando. O método Trezentos coloca os estudantes no papel de ajudantes/ajudados e, assim, eles aprendem a elaborar estratégias próprias, criar esquemas, comunicar suas descobertas, fazer a ancoragem de conceitos e refletir sobre o seu processo de aprendizagem.

A obra é o compartilhamento de uma experiência muito bem-sucedida, vivenciada pelo autor nos últimos anos em turmas de massa de estudantes ingressantes na educação superior, e que foi se aperfeiçoando na medida em que outros professores também foram se apropriando e aplicando o método em contextos diversos. Ele argumenta que o Trezentos pode ser aplicado em praticamente qualquer área, nível e contexto de aprendizagem, mesmo os mais improváveis.

Há preocupação em apresentar os temas de forma pragmática, não somente do ponto de vista técnico e científico, mas também estético e, em alguns momentos, até poético. A escrita e a explicação do método são feitas com clareza, de forma espontânea, em linguagem simples e atraente para o leitor. Aliás, esse princípio subordinou o plano da obra, muito bem traçado pelo professor Fragelli.

xiv Apresentação

O livro surge em boa hora, porque muito tem se debatido sobre qual é o modelo de escola ideal para o momento presente e quais são as melhores práticas de avaliação que respeitam os diferentes tempos de aprendizagem e a diversidade dos estudantes. Os professores, em sua maioria, insistem na prática pedagógica secular e cristalizada de um modelo alicerçado na transmissão-recepção, desconsiderando o contexto externo à escola vivenciado pelos jovens da geração a.G. (*after Google*), que têm acesso fácil e instantâneo à informação, com um único clique, sem sequer precisarem sair do local em que se encontram. Para essa geração, as ditas aulas tradicionais são enfadonhas, repetitivas, desinteressantes e não prendem a atenção por mais de dez minutos. Isso evidencia a necessidade de superação do modelo tradicional e de implantação de estratégias didáticas diferenciadas, que propiciem aos estudantes o desenvolvimento de competências necessárias à atuação profissional futura, com ética, solidariedade, responsabilidade social, espírito crítico e cooperação, em um mundo em constante transformação. A formação atual deve proporcionar aos estudantes o desenvolvimento da capacidade de mobilizar saberes, habilidades, valores e atitudes para o enfrentamento de situações inusitadas, em um processo de ação-reflexão-ação.

Em termos de conteúdo, o livro está dividido em sete capítulos, começando com uma breve reflexão sobre o significado da docência, seguido pelo detalhamento do método em sua concepção inicial, incluindo exemplos, exercícios e questões norteadoras para aprofundamento. A seguir, são explicitadas modificações introduzidas no método como forma de potencializar o apoio aos estudantes e o seu engajamento nas atividades. Também são incluídos alguns resultados já obtidos com esse processo, apresentando a percepção dos educandos sobre temas como timidez, isolamento, diversidade, medo, realidade, nervosismo, superação, gratidão, inspiração e dimensões da ajuda. Com base em reflexão feita a partir de questões levantadas por diversos professores, pesquisadores e gestores sobre como utilizar o método Trezentos em diferentes contextos, o penúltimo capítulo explora essa possibilidade em cursos noturnos, na educação básica, na educação a distância e na área empresarial. Por fim, são apresentados instrumentos e recursos necessários para aplicação e avaliação do método.

Certamente, este livro será de valor inestimável para nossas escolas, pois trata de um modelo sugestivo de aprendizagem ativa e colaborativa, com detalhamento sobre suas múltiplas funções em diferentes cenários, inclusive com propostas de exercícios de aplicação e exemplos de questionários de avaliação.

Se eu fosse associar apenas uma palavra à proposta apresentada neste livro, escolheria "transformação", pois reflete o que ocorre com cada um dos atores envolvidos no Trezentos. Assim, encerro esta Apresentação com uma advertência: se quiserem descobrir um pouco mais sobre a profissão docente, que inclui a nobre tarefa de ensinar e inspirar, não deixem de desfrutar da leitura deste precioso livro.

O professor pode compartilhar o conhecimento, mas as experiências pertencem ao aluno.

Mauro Luiz Rabelo

Mestre e Doutor em Matemática pela Universidade de Brasília (UnB), com Pós-Doutorado pela Stanford University. Professor Associado do Departamento de Matemática da UnB e Diretor de Desenvolvimento da Rede de Instituições Federais de Ensino Superior da Secretaria de Educação Superior (DIFES/SESu/MEC).

Sumário

Apresentação xiii
Mauro Luiz Rabelo

Capítulo 1 1
Primeiras reflexões

Capítulo 2 7
O método

Capítulo 3 17
Exemplificando, exercitando e aprofundando

Capítulo 4 31
Potencializando o Trezentos

Capítulo 5 37
Alguns resultados

Capítulo 6 59
O Trezentos em contextos diversos

Capítulo 7 87
Recursos

Referências 99

1

Primeiras reflexões

Como em toda atividade educativa, este livro não poderia empreender suas primeiras palavras e intenções para apresentar uma explicação. Ele se inicia com um desafio:

> Independentemente de seu atual contexto, considere, apenas para efeitos de reflexão, ser professor de uma disciplina de primeiro semestre de um curso superior com muitos estudantes, 250 para ser mais preciso. Imagine, ainda, que esses educandos tenham culturas, interesses, idades, estilos de aprendizagem e formações muito distintas, tornando o ambiente incrivelmente heterogêneo. Há um percentual significativo de estudantes que se sentem isolados, abandonados e com pouca motivação para o estudo. Cerca de 55% desses alunos têm problemas de nervosismo e de ansiedade em provas, sendo que 25% da turma possui experiências desesperadoras nesse sentido. Há um grupo com excelente formação básica e que teria a possibilidade de perder o interesse natural pelos conceitos a serem trabalhados caso não sejam fornecidas situações desafiadoras, e outro, bem maior, com sérias deficiências quanto aos conceitos prévios necessários para o entendimento da matéria. Ambos com incrível potencial de crescimento!

> Daí, surge o desafio para inspirar nossas primeiras reflexões: como faríamos para que o primeiro estudante, da primeira fileira do auditório, e o último, da última fileira, tivessem o mesmo nível de interesse, motivação e engajamento pela disciplina e para que não fosse simplesmente uma aprendizagem mecânica, mas significativa, abrangente e duradoura, para além do conteúdo?

Nossa história normalmente tem seguido o caminho das metodologias ativas, e algumas delas se tornaram relativamente bem conhecidas, como o Rei e a Rainha da Derivada (RDD) (FRAGELLI, 2014) e o Summaê (FRAGELLI; FRAGELLI, 2017a), que, atualmente, são utilizados desde a educação básica até a pós-graduação, em diversas áreas do conhecimento. Com elas, já se percebia engajamento, o ambiente era colaborativo e os alunos melhoravam seu rendimento. Entretanto, essas metodologias não abarcavam completamente certas questões, como alguns casos de isolamento em sala de aula, o alto índice de reprovações e, principalmente, uma formação para além do conteúdo. Como despertar o olhar do estudante para o colega com dificuldades de aprendizagem e facilitar com que aprendam a motivar-se mutuamente?

O percentual de reprovações na disciplina de Cálculo 1, contexto em que surgiu o método Trezentos, é bem conhecido pelos professores e tem média de 50% no Brasil, chegando a índices absurdos de 95% em algumas situações. Em muitas outras áreas, cursos e contextos, em várias regiões do mundo, resultados similares ocorrem regularmente, e o mais intrigante é que nós, professores e gestores, passamos a considerar esse índice normal.

Eric Mazur (2015), idealizador da *peer instruction*, destaca que pode ser tentador ignorar as queixas dos estudantes de ciências e advogar que não estão interessados em estudar. Contudo, há outros caminhos mais promissores do que abandonar os alunos "desinteressados" à própria sorte. Um dos objetivos deste livro é mostrar que o desânimo e o alto índice de reprovações podem ser resolvidos – e o mais interessante é que a solução pode estar mais próxima do que se possa imaginar: no próprio educando. Aqui também temos o intuito de defender que o método Trezentos pode ser aplicado em praticamente qualquer área, nível e contexto de aprendizagem, mesmo os mais improváveis.

Nós, professores, sabemos que uma das melhores formas de aprender é ensinando. Contudo, não aproveitamos esse irrefutável argumento para os nossos próprios aprendizes, o utilizamos tão somente para nós mesmos e nos tornamos cada vez melhores nos conteúdos que ensinamos. Com o passar do tempo, ficamos

Método Trezentos **3**

cada vez mais especialistas e automotivados, conhecemos várias trilhas para abordar as diversas temáticas, integramos os conceitos com conteúdos transdisciplinares, ancoramos com novos exemplos, produzimos novas questões e desafios, ou seja, entramos no que a Taxonomia de Bloom (BLOOM et al., 1956) – atualizada em revisão por Anderson e Krathwohl (2001) – denomina estágios superiores.

Temos de nos encorajar a perceber que o aluno é capaz de ensinar e, ao ensinar, aprende muito mais! Ao ensinar, os educandos elaboram estratégias próprias, criam esquemas, comunicam suas descobertas, fazem a ancoragem de conceitos e refletem sobre o processo de aprendizagem.

Além disso, os estudantes têm formas singulares de se comunicar e se entender. Nesse sentido, há uma experiência muito interessante, que ficou conhecida como a Maldição do Conhecimento (em inglês, *The curse of knowledge*), verificada experimentalmente pela psicóloga Elizabeth Newton (1990) em seu trabalho de doutorado, na Universidade de Stanford. Nesse experimento, uma pessoa, denominada *tapper* (que poderia ser entendido como transmissor ou batucador), era responsável por transmitir uma música muito conhecida a outra pessoa, o *listener* (ouvinte), batucando o seu ritmo em uma mesa.

Também se solicitava aos batucadores que fizessem uma predição sobre o percentual de músicas que conseguiriam transmitir. Entretanto, o resultado real de acertos era absurdamente discrepante, cerca de 20 vezes menor. Ou seja, os batucadores sobrestimavam a capacidade que tinham de transmitir a informação porque não conseguiam se colocar na condição de quem não conhecia a melodia, não eram capazes de perceber a situação por outra perspectiva. Em outras palavras, foram "amaldiçoados" pelo conhecimento.

Ao se tornar especialista em uma determinada área, o professor pode perder a percepção sobre as reais dificuldades de seus estudantes e, particularmente, sobre o contexto em que experimentam o processo de aprendizagem. Isso, é claro, não significa que o educador não tenha boa intenção de fazê-lo ou que não haja bons percursos educativos em que também seja ator com papel importante.

Carl Wieman (2007), Nobel de Física em 2001 pelas contribuições na criação experimental do condensado de Bose-Einstein – um quinto estado da matéria –, e um pesquisador com grandes contribuições para a educação, argumenta que alguns professores bem intencionados têm resultados pobres porque não conseguem entender o processo de aprendizagem sob a ótica de um aprendiz iniciante.

Com relação ao estudo de ciências, Wieman (2007) indica, ainda, que a perda da capacidade em se colocar na condição do outro é rápida e acontece com os próprios estudantes veteranos, analisada em situações em que expressavam incredulidade quanto aos erros básicos dos estudantes calouros, apesar de terem cometido erros semelhantes anteriormente.

Para fugirmos desse panorama, um bom caminho seria aproveitar a cooperação entre os educandos enquanto ainda estão no processo de assimilação e ancoragem de conceitos, de modo a compartilharem seus avanços na compreensão de uma determinada temática.

Em vez disso, o que observamos é que os grupos de estudantes são habitualmente formados por meio de similitudes, e esse é um dos grandes problemas. O agrupamento de pessoas por afinidades é natural, e não seria certo defender que não exista; o dilema está em utilizar sempre essa estratégia. É fácil visualizar as fronteiras das ilhas formadas por esses grupos em sala de aula, desenhando uma geografia monótona, triste, agressiva e desumana. Os alunos que geralmente têm o melhor histórico escolar escolhem uma determinada região, os que se identificam culturalmente ficam em outra, os mais espirituosos, os atléticos, os estéticos, os genéticos, e assim por diante – herméticos. Ocorre que há náufragos abandonados e esquecidos em algumas dessas ilhas, pessoas que aparentemente não pertencem a grupo algum e que permanecem eternamente isoladas em algum canto do tempo.

Para os isolados, o momento na escola pode ser desesperador, restando pouco estímulo para a aprendizagem e, quando a esperança se cala, se entregam ao desânimo, se sentem invisíveis, se zumbificam e, sem ninguém que os ouça, gritam calados dentro de si mesmos. Ao estimular a formação de grupos dentro da metodologia que será apresentada neste livro, temos observado uma drástica diminuição dessas situações, propiciando um ambiente mais inclusivo e com maior sensibilidade à realidade do outro.

Um sorteio para a formação dos grupos seria uma opção. Porém, apesar de oportunizar alguns encontros que podem promover aprendizagens fora do escopo da matéria, não é uma estratégia eficiente para a aprendizagem dos conceitos a serem aprendidos.

Observamos, nas teorias de aprendizagem (MATLIN, 2004; MOREIRA, 1999), um porto seguro para o entendimento e o desenvolvimento das metodologias ativas (BACICH; MORAN, 2018; BARROWS, 1986; BENDER, 2014; BERGMANN; SAMS, 2012; FRAGELLI, 2014; FRAGELLI; FRAGELLI, 2017a; MAZUR, 2015), cada qual com seu setor de atuação. Além disso, apesar de escolhermos algumas teorias cognitivistas para engendrar o método que será apresentado, há alguns pontos nos quais percebe-se a necessidade de soluções no campo da análise do comportamento e outros em que teorias humanistas podem oferecer uma visão mais promissora. É nosso intuito que os colegas pesquisadores das diversas vertentes possam receber o método como uma sistemática para a aprendizagem, podendo ser explicado e potencializado por teorias diversas.

Pesquisadores do comportamento, entre uma gama de possibilidades, seriam fundamentais na determinação de condições ambientais e roteiros adequados para

Método Trezentos **5**

estimular o engajamento e a cooperação. No âmbito das teorias cognitivistas, é possível planejar os encontros oferecendo maior independência aos grupos ou, ainda, implementar metas que envolvam ferramentas para a promoção da aprendizagem significativa. E, no caso dos educadores mais voltados ao humanismo, é possível refletir sobre metas e ambientes que proporcionem maior liberdade e entusiasmo aos educandos.

De qualquer modo, como este livro pretende apresentar uma metodologia ativa e colaborativa que possa ser utilizada por um público amplo, mesmo para os que não são pesquisadores da educação, optamos por limitar o linguajar científico sempre que possível, utilizando-o apenas nas discussões de resultados e no apoio a algumas partes do desenvolvimento, tornando-o o mais direto e pragmático possível e mantendo cuidado para não afetar o método científico.

Antes de apresentarmos o método Trezentos, creio que seja interessante explicar a origem do nome, sendo a união de duas inspirações. A primeira delas é proveniente do contexto em que foi concebido, um grande grupo integrado composto por 250 estudantes e cerca de 50 colaboradores, que apoiavam em algumas atividades específicas, ou seja, Trezentos. A outra, a história dos trezentos soldados espartanos que ganhavam de batalhões com dezenas de milhares, cuja filosofia se baseava na assertiva de que um soldado espartano era responsável pela defesa do soldado que estava ao seu lado. Optamos em manter o nome ao longo dos anos em homenagem a essas duas histórias.

Este livro está dividido em sete capítulos, sendo que, nos Capítulos 2 e 3, o método será explicado em detalhes, incluindo exemplos, exercícios e questões norteadoras para compreensão e aprofundamento. No Capítulo 4, situam-se algumas modificações que realizamos para potencializar o apoio aos estudantes e o engajamento nas atividades. O Capítulo 5 traz resultados discutidos em termos práticos de melhora no rendimento e aprovação, mas também em termos humanizados, mergulhando em outra perspectiva e apresentando a percepção dos educandos sobre empatia, solidariedade, timidez, isolamento, diversidade, medo, nervosismo, superação, gratidão e dimensões do auxílio. O Capítulo 6 conduz a uma reflexão baseada em questões levantadas por diversos professores, pesquisadores e gestores sobre como utilizar o Trezentos em outros contextos, tais como educação básica, educação a distância e área empresarial. Ao final do livro, estão disponibilizados todos os recursos necessários para aplicação e avaliação do método.

Esperamos que este livro traga suporte suficiente para que você se valha do método em diversos cenários e que receba nosso desejo mais sincero de que esta metodologia possa auxiliar de algum modo para que se sinta professor de todos os estudantes, e não apenas de um percentual. Contudo, ainda restaria abordar uma questão fundamental em nossas primeiras reflexões.

O QUE É SER PROFESSOR?

Certa vez, fui convidado para mediar uma mesa de diálogo entre docentes que aplicaram o Trezentos em cursos de arquitetura, engenharia, medicina, biologia e administração. Uma das professoras o havia utilizado em cursos diferentes, e em boa parte funcionou muito bem, com uma apropriação natural e muito engajamento dos participantes. Entretanto, em um dos cursos, formado essencialmente por estudantes maduros, já inseridos no mercado de trabalho, muitos em seu segundo curso superior, o envolvimento foi muito menor. Ela nos confidenciou que aplicaria o método novamente nas turmas em que houve engajamento, mas que estava relutante em insistir com a turma problemática.

Lembrei-me de uma questão que ouvi quando bem jovem: se dois enfermos chegam a um hospital, sendo que um se encontra razoavelmente bem de saúde e o outro está em condições deploráveis, qual precisará do melhor médico?

No nosso caso, qual situação precisará do melhor professor? Ou, de modo mais adequado, em qual situação o professor deverá oferecer o seu melhor? Em qual delas aprenderá mais?

O pior aluno precisa do melhor professor. O melhor aluno, também! Na verdade, o melhor professor está ainda oculto, virtuoso e inquieto, dentro de nós. As estratégias são essencialmente distintas, a depender do contexto e do público-alvo, todavia, pretendo com isso lembrar nossa motivação enquanto educadores. Que não nos abracemos ao desânimo perante as dificuldades e aproveitemos as situações para refletir, aprender e ampliar nossa visão. O que é ser professor? Quais sonhos inspiram o professor? Motivado pelos pensamentos de um célebre sonhador, consigo arriscar uma definição:

> Martin Luther King tinha um sonho. O sonho de um mundo onde cada ser humano fosse julgado não pela sua cor, mas pelo valor do seu caráter.
>
> Esse é um sonho belíssimo, mas não creio que seja um sonho para nós, professores.
>
> Deveríamos ser uma ponte para novos sonhos, de forma que um estudante – independentemente de sua cor, gênero, dificuldades físicas, cognitivas ou sociais – pudesse ter um sonho do tamanho de sua curiosidade.

2

O método

Inicio este capítulo compartilhando uma questão que elevou minhas expectativas sobre mim mesmo e que me acompanha no desenvolvimento de ideias para a educação. Gostaria que, durante algum tempo, você ficasse o mais sereno possível e tentasse encontrar uma resposta dentro de si mesmo para a questão da seção a seguir.

UMA PESSOA IMPORTA?

Quando essa questão se revelou para mim, era, ao mesmo tempo, motivadora e angustiante, tomando lugar de destaque em minhas ações como professor. Se o índice de aprovação permanecesse dentro de um valor considerado adequado, e os estudantes estivessem aparentemente interessados durante as aulas, seria o suficiente? Ao considerar suficiente, por conseguinte, será que eu estaria me preocupando percentualmente com os educandos, ou com cada um deles, como seres humanos?

Cerca de 10 anos antes, comecei a desenvolver e a aprimorar algumas técnicas e métodos com base em aprendizagem ativa e colaborativa que haviam recebido certo destaque com alguns prêmios e estavam sendo replicados por alguns professores em outros contextos. Até então, pra mim bastava que os educandos estivessem motivados, engajados, felizes e aprendendo significativamente. Além disso, os resultados de nossas turmas em geral eram melhores do que o esperado pelos gestores, e mesmo os alunos que eram reprovados na disciplina sempre a avaliavam com notas altas, mostravam-se confortáveis com o resultado, atribuindo a eles mesmos e à má formação de conceitos básicos a responsabilidade sobre o desfecho negativo ao final do período letivo.

Entretanto, quando a questão sobre a importância de cada um dos meus alunos como pessoas, como histórias, emergiu para mim, modificou de modo intenso e sem retorno a minha percepção sobre a prática docente. Será que fazemos todo o esforço possível para oferecer a melhor experiência de aprendizagem para cada um dos educandos?

Na primeira vez em que apliquei o Trezentos, estava no auditório em que ministrava aulas e pedi para que cada um dos 250 estudantes olhasse para o colega ao seu lado. Após alguns instantes, anunciei que um dos dois reprovaria. Sei que essa dinâmica, em geral empregada para alertar os educandos sobre o alto índice de reprovação e com qual responsabilidade e seriedade deveriam dispor aos estudos, poderia suscitar ansiedade, nervosismo e aflição, e, por isso, jamais a havia feito. Contudo, percebi, naquela experiência, uma oportunidade singular para fazê-los sensibilizar sobre um dos grandes problemas da educação, o seletismo, e também para que entendessem qual era a filosofia do Trezentos e o que faríamos de ali em diante para revolucionar esse cenário. Após a assertiva angustiante, esperei alguns segundos e continuei o raciocínio:

- Quando anunciei que um dos dois reprovaria, provavelmente você pensou: "Ele vai reprovar, não eu!".
- Cada um de nós aprendeu, ao longo da vida, apenas a se defender, e é justamente por esse motivo que há um alto índice de reprovação. Neste semestre, eu garanto, não haverá nenhuma reprovação, porque cada um de vocês não vai se defender, mas defenderá a pessoa que está ao seu lado!

Com base nessa reflexão sobre a responsabilidade que deveríamos ter pelo outro é que nasceu a metodologia que nos esforçaremos a apresentar neste livro.

TREZENTOS

O método sofreu pequenas alterações devido às diversas análises que foram feitas e às especificidades das diferentes situações em que foi utilizado. Contudo, o Trezentos original continua sendo a base de todas as possíveis variações e é ele que apresentaremos a seguir.

A forma mais simples de entendê-lo é considerar o contexto atual de quem deseja aplicá-lo. Desse modo, basta escolher um cenário e refletir sobre como ocorre a aprendizagem, podendo ser a disciplina de um curso regular em uma sala de aula tradicional, um ambiente com aprendizagem baseada em problemas ou projetos (em inglês, PBL) (BARROWS, 1986; BENDER, 2014), sala de aula invertida (BERGMANN; SAMS, 2012), *peer instruction* (MAZUR, 2015), ambientes gamificados (CHOU, 2015; MCGONIGAL, 2011), laboratórios, ambiente virtual de aprendizagem ou qualquer outro contexto.

Considere agora qual será a forma de avaliação dessa aprendizagem, destacando como e em qual momento ela será feita. Verifique o número de avaliações que serão realizadas e o modelo de avaliação, ou seja, se será uma prova escrita, exposição oral, projeto, trabalho, seminário, jogos, autoavaliação, portfólio ou memoriais, entre outros.

Até a primeira avaliação de aprendizagem, seu curso será praticamente igual ao que está acostumado, pois é ela que dará início ao Trezentos.

ETAPA 1: CRIE OS GRUPOS

Logo após o resultado da primeira avaliação de aprendizagem planejada para o curso, os educandos serão organizados em grupos. Se o processo avaliativo for composto por avaliação única, como no caso de alguns cursos fundamentados em projetos ou obras artísticas, basta fazer o Trezentos nessa única avaliação. Para a formação dos grupos, realizamos o seguinte procedimento:

- **Passo 1:** organize a lista de alunos por nota, da maior para a menor.
- **Passo 2:** calcule quantos grupos serão formados. Normalmente, estruturamos grupos com cinco ou seis integrantes; entretanto, para turmas pequenas, é possível trabalhar com grupos menores, desde que estes tenham sempre ajudantes e ajudados, os quais serão explicados na Etapa 2. A escolha de se formar grupos com muitos integrantes pode diminuir a eficácia das atividades de colaboração, como comprovam pesquisas na área de ambientes cooperativos (HAUERT et al., 2006; KAUL; GRUNBERG; STERN, 1999).
- **Passo 3:** escreva "1" no estudante que tirou a maior nota, "2" no segundo, e assim por diante até atingir a quantidade de grupos. Para os demais, escreva em ordem decrescente, partindo do número de grupos até 1, repetindo essa mesma sequência até o final. Desse modo, se há "n" grupos, basta escrever de 1 a "n" (apenas uma vez) e depois atribuir sempre de "n" até 1, até que todos os alunos tenham um número associado. No Capítulo 3, há exemplos de todas as etapas do método, além de exercícios e questões para reflexão e aprofundamento.
- **Passo 4:** agrupe os estudantes com o mesmo número. Note que os grupos são compostos por educandos com bom rendimento e também com baixo rendimento na avaliação que foi realizada.

ETAPA 2: DETERMINE AJUDANTES E AJUDADOS

Os educandos que tiverem sido avaliados com nota igual ou superior a um determinado valor serão os ajudantes, e os demais, os ajudados. Esse valor depende da especificidade de cada curso, podendo ser a nota mínima para aprovação, a média das notas ou algum patamar que se deseje obter.

A denominação "ajudantes" e "ajudados" não é a que melhor representa os participantes do método, haja vista que todos do grupo se ajudarão mutuamente e, desse modo, são todos ajudantes e ajudados. Contudo, manteremos essas denominações para o melhor entendimento das atividades que serão sugeridas ao longo deste livro.

Somente os ajudados poderão realizar uma nova avaliação após o cumprimento de algumas metas, e esse é um dos pontos mais importantes a serem adotados para que as atividades de cooperação sejam potencializadas. Os ajudantes melhoram suas notas iniciais de acordo com a melhora dos alunos ajudados e o seu envolvimento nessa melhora.

ETAPA 3: DEFINA METAS

Os integrantes dos grupos precisam de metas bem definidas e de um prazo para o seu cumprimento, que, em geral, é algo entre 7 e 15 dias. Para cursos de educação a distância, utilizamos um prazo maior – por exemplo, 20 dias. As metas dependem das especificidades de cada curso, do contexto e das habilidades e competências individuais e coletivas que se deseja trabalhar. Entretanto, em uma primeira reflexão sobre o tema, basta considerar que as metas devem ser elaboradas visando à interação dos integrantes entre si e com os conceitos a serem aprendidos. Elas devem ser trabalhadas individualmente, em ambiente extraclasse, e em um nível colaborativo e complementar, nos encontros com o grupo. Além disso, as metas têm a finalidade de despertar a percepção do estudante sobre a forma como aprende melhor, ou seja, uma atividade metacognitiva na qual percebe seu caminho de aprendizagem.

Definimos metas individuais distintas para ajudantes e ajudados, sabendo que a motivação para a aprendizagem dessas duas funções é diferente. Em um primeiro momento, a resolução de um problema mais complexo provavelmente seria mais motivadora para os ajudantes do que para os ajudados. Além disso, os educandos com bom rendimento teriam uma motivação adicional com o desafio de ensinar o que já sabem e, ao ensinar, estarão certamente entrando em um nível de compreensão muito maior sobre a temática, surgindo também uma necessidade natural de aprofundamento teórico sobre aquilo que ensinarão, principalmente se forem provocados com boas metas individuais e coletivas. Vale acrescentar que mesmo as metas individuais não devem ser pensadas como metas individuais isoladas, e sim como metas individuais solidárias, ou seja, que possam estimular diálogo entre os integrantes, trazendo novos entendimentos e perspectivas para todo o grupo e que não se limitem ao aspecto cognitivo. Nesse sentido, há diversas referências que trazem argumentos que auxiliam a refletir sobre elas para uma educação visando à formação de competências para o futuro (KAUL; GRUNBERG; STERN, 1999; MOTA, 2017).

Já os educandos com baixo rendimento na avaliação se sentirão mais integrados à turma com o apoio de alguém que possivelmente enfrentou obstáculos similares na aprendizagem em um período recente, sendo mais fácil expor seus anseios e suas dificuldades. Quanto mais complexo for o assunto a ser trabalhado, mais conceitos prévios serão necessários para o seu entendimento, e o professor deve especificar metas que explorem tais conceitos. Desse modo, é provável que os integrantes do grupo com maior domínio identificarão possíveis falhas de formação básica dos demais integrantes e poderão trabalhá-los em cumplicidade. Entretanto, o apoio do grupo não é somente para identificar e solucionar problemas de conceitos prévios, indo também na direção de motivar, explicar, dialogar, exemplificar e contextualizar.

Uma sugestão de metas para os ajudados seria a resolução da avaliação anterior, de listas de questões e de uma avaliação concebida pelos ajudantes do grupo. Para os ajudantes, é possível propor desafios e uma avaliação a ser resolvida pelos ajudados do grupo, que serviria como uma lista de questões adicional.

Além disso, definimos pelo menos dois encontros presenciais com 2 horas de duração, nos quais os educandos devem interagir com base nas metas individuais, tendo postura proativa, inserindo opiniões, discutindo, analisando, explicando e formulando hipóteses. Em outras palavras, ambos aprenderão significativamente e em um nível mais complexo, segundo a Taxonomia de Bloom.

Em alguns casos, dependendo principalmente da maturidade dos envolvidos, uma boa medida seria a criação de um roteiro, de modo a explorar melhor os encontros, definindo fases e processos.

Outras metas que temos experimentado é a utilização de ferramentas de apoio à ocorrência da aprendizagem significativa, como, por exemplo, a construção de mapas conceituais. Sem desejar antecipar os resultados, cerca de 70% dos estudantes declaram em depoimentos que "aprenderam a estudar", e seria uma boa medida explorar esse potencial ao elaborar as metas.

ETAPA 4: REALIZE UMA NOVA AVALIAÇÃO

Uma nova avaliação deve ser planejada após o prazo, para o cumprimento das metas. Apesar de ser sobre o mesmo conteúdo e com nível similar de complexidade e exigência, deve ser uma avaliação distinta da primeira e somente aplicada aos ajudados.

No dia da nova avaliação, realizamos duas atividades diferentes e, de maneira opcional, utilizamos dois espaços físicos para elas. Cada grupo deve apresentar as metas solicitadas, e os ajudados que as cumprirem permanecem no espaço de provas. Os ajudantes vão para outro espaço e respondem a um questionário no qual farão uma autoavaliação sobre o nível de ajuda oferecido ao grupo. A autoavaliação é feita por cada um dos ajudantes e consiste em uma escala de Likert com 5 pontos, variando de "ajudei nada" a "ajudei muito" (Quadro 2.1).

Após a realização da nova avaliação de aprendizagem, os ajudados também respondem a um questionário sobre a ajuda recebida (Quadro 2.2), podendo também ser respondido *on-line*, se for de interesse do professor. Contudo, é um excelente momento para dialogar com os educandos e verificar a percepção deles sobre os encontros dos grupos, de maneira que se possa melhorar metas, prazos e demais estratégias utilizadas.

Com base nesses dados de ajuda e no rendimento dos ajudados, é possível fazer o cálculo da nova nota dos estudantes.

Quadro 2.1 Questionário de autoavaliação da ajuda (ajudantes)				
Distribua os integrantes do seu grupo com relação ao quanto *você os ajudou* no estudo dos conceitos da disciplina.				
Nome:		**Matrícula:**	**Grupo:**	
1 Ajudei nada	2 Ajudei pouco	3 Ajudei razoavelmente	4 Ajudei bastante	5 Ajudei muito

Quadro 2.2 Questionário de avaliação da ajuda (ajudados)				
Distribua os integrantes do seu grupo com relação ao quanto *você foi ajudado* no estudo dos conceitos da disciplina.				
Nome:		Matrícula:	Grupo:	
1 Ajudou nada	2 Ajudou pouco	3 Ajudou razoavelmente	4 Ajudou bastante	5 Ajudou muito

ETAPA 5: REAVALIE AJUDANTES E AJUDADOS

A última etapa versa sobre a reavaliação e depende do planejamento feito para o processo avaliativo. Em um curso fundamentado em competências, no qual não se atribui notas, podem ser incluídas aquelas coletivas de interação interpessoal para reavaliar os ajudantes e os ajudados, entre outras.

Para cursos em que se atribui uma nota para a avaliação, os ajudados podem ficar com a maior das duas notas ou uma ponderação entre elas. Entretanto, como os ajudantes não são submetidos a uma nova avaliação, é preciso considerar que as experiências vivenciadas com o método os fizeram atingir um nível cognitivo mais complexo. Assim, é factível incrementar um valor à nota inicial atribuída à sua aprendizagem, e uma boa escolha é utilizar o nível de ajuda oferecido ao grupo e a consequência dessa ação.

Um modo que encontramos foi utilizar as duas avaliações do nível de ajuda para cada par ajudante-ajudado, correlacionando com a melhora do ajudado. A Tabela 2.1 apresenta uma sugestão para realizar esse acréscimo, em que o nível de ajuda é a média das duas avaliações da ajuda, arredondando-se o resultado. Se a nota máxima da avaliação for diferente de 10 pontos, certamente deve-se fazer uma alteração dos acréscimos sugeridos.

Os valores de N1 e N2 dependem das características de cada curso, mas uma sugestão é que N1 seja igual ao valor utilizado para definir ajudantes e ajudados, e N2, um valor que definiria um aumento significativo com relação a N1. Por exemplo, para um curso com nota mínima para aprovação igual a 5 de um total de 10 pontos, pode ser utilizado N1 = 5 e N2 = 7. Em outro contexto em que a nota mínima para aprovação é 6, uma sugestão seria N1 = 6 e N2 = 8.

Tabela 2.1 Aumento de nota do aluno ajudante

Melhora do estudante ajudado	Nível de ajuda				
	1	2	3	4	5
Melhora de 0 a 1	0,00	0,25	0,25	0,50	0,50
Melhora maior do que 1 para uma nota final inferior a N1	0,00	0,25	0,25	0,50	0,50
Melhora maior do que 1 para uma nota entre N1 e N2	0,00	0,25	0,50	0,75	1,00
Nota final igual ou superior a N2	0,00	0,25	0,50	1,00	1,50

Para cada ajudante, deve-se fazer essa análise para cada um dos colegas de grupo que foram ajudados por ele. Ao fazer isso, um ajudante terá vários aumentos referentes aos ajudados, sendo possível utilizar o maior deles ou a média entre eles. Ao compor uma estratégia de aumento de notas, sugere-se que haja uma correlação entre o esforço para auxiliar os colegas do grupo e o resultado efetivo na melhora dos ajudados. Contudo, não aconselhamos que o aumento seja um valor muito elevado, pois a percepção dos educandos quanto ao esforço coletivo, de construção de empatia e solidariedade pode ser fortemente prejudicada, conforme estudado por Festinger (1957) na teoria da Dissonância Cognitiva. Festinger (1957) observou que recompensas muito altas, se pudermos assim chamá-las, podem ter o resultado totalmente oposto ao esperado quanto à percepção (crença) do indivíduo com relação ao que está sendo realizado. Desse modo, sugerimos que o cálculo da nova nota siga um princípio de justiça e ética quanto à avaliação da própria aprendizagem do ajudante, que está sendo trabalhada em um nível cognitivo e afetivo mais complexo.

A cada nova avaliação de aprendizagem, novos grupos são formados e novas metas são formuladas. Desse modo, um grupo dificilmente voltará a se repetir, e há a possibilidade de um educando que tinha sido ajudado em alguma avaliação se tornar ajudante em outra, e vice-versa.

Essa interação com mais educandos e a formação dos grupos por meio do potencial de colaboração, e não por afinidade, como em geral acontece, possibilita que a turma se misture, que haja mais compreensão sobre o outro, que se reduza a sensação de isolamento e que se estenda a aprendizagem para além do conteúdo. A Figura 2.1 apresenta um resumo das etapas do método.

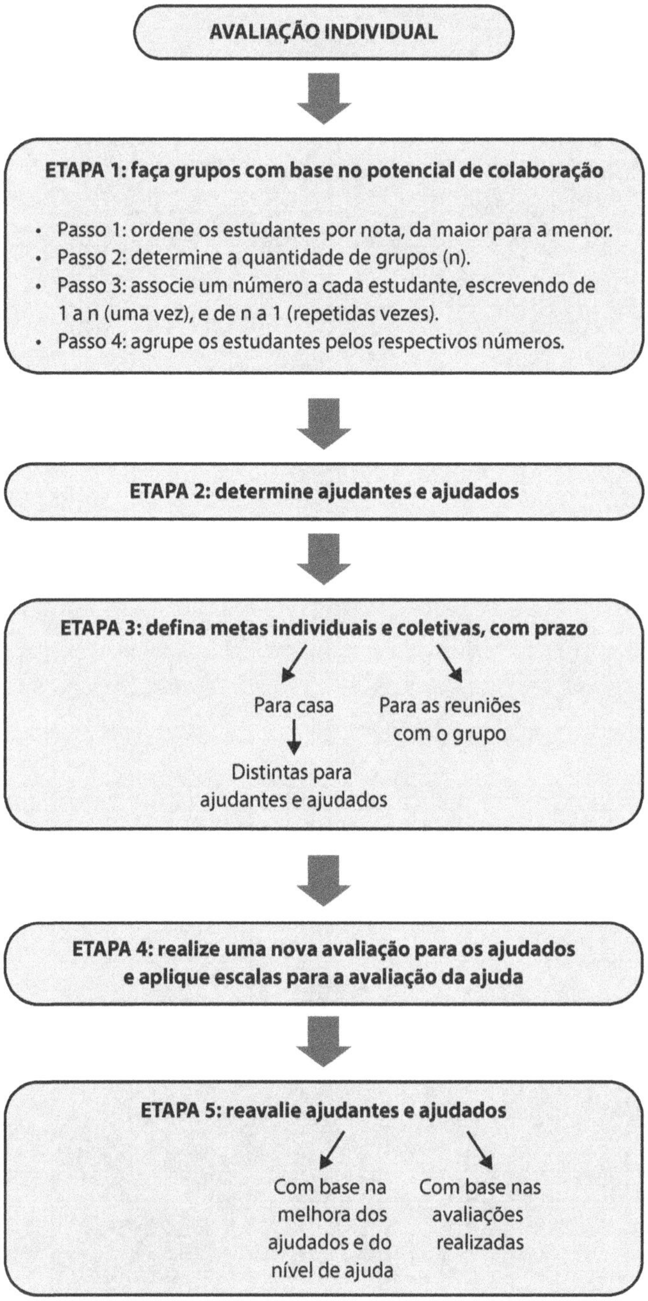

Método Trezentos **15**

> **AVALIAÇÃO INDIVIDUAL**

ETAPA 1: faça grupos com base no potencial de colaboração

- Passo 1: ordene os estudantes por nota, da maior para a menor.
- Passo 2: determine a quantidade de grupos (n).
- Passo 3: associe um número a cada estudante, escrevendo de 1 a n (uma vez), e de n a 1 (repetidas vezes).
- Passo 4: agrupe os estudantes pelos respectivos números.

ETAPA 2: determine ajudantes e ajudados

ETAPA 3: defina metas individuais e coletivas, com prazo

Para casa   Para as reuniões com o grupo

Distintas para ajudantes e ajudados

ETAPA 4: realize uma nova avaliação para os ajudados e aplique escalas para a avaliação da ajuda

ETAPA 5: reavalie ajudantes e ajudados

Com base na melhora dos ajudados e do nível de ajuda   Com base nas avaliações realizadas

Figura 2.1 Resumo do método Trezentos.

3

Exemplificando, exercitando e aprofundando

Para um melhor entendimento, trabalharemos o caso hipotético de uma turma de 20 estudantes com um processo avaliativo com base em avaliações individuais, com nota mínima de aprovação igual a 5,0 de um total de 10 pontos. Para compor o exemplo, foram escolhidos nomes de cientistas e escritores, tomando cuidado para promover uma boa diversidade (Tabela 3.1).

Por se tratar de um exemplo fictício, não temos as notas reais ou simuladas e tampouco foi especificada a área da avaliação. Entretanto, em vez de distribuir notas aleatoriamente, escolhemos utilizar os 40 primeiros algarismos significativos do número π (3,1415926535897932384626433832795028841 97), atribuindo as notas aos personagens por meio de pares de algarismos. Desse modo, o primeiro personagem recebeu a nota 3,1; o segundo, 4,1; o terceiro, 5,9; 2,6; 5,3; 5,8, e assim por diante. O resultado foi bastante interessante e talvez valha uma reflexão!

A Figura 3.1 apresenta o primeiro passo do método, que é o ordenamento decrescente das notas após o resultado da primeira avaliação.

Depois, deve ser especificada a quantidade de grupos com base no número de integrantes neles. Para turmas pequenas, é possível trabalhar com grupos de três ou quatro integrantes. Em turmas com pelo menos 20 estudantes, a sugestão é formar grupos com cinco ou seis. No nosso exemplo, teremos quatro grupos com cinco integrantes.

Para a definição dos grupos, primeiro escrevemos de 1 até o número de grupos "n" e depois sempre de "n" até 1, repetidas vezes, até atribuir um número para cada estudante. Neste exemplo, temos quatro grupos e, portanto, escrevemos de 1 a 4, partindo do aluno com o maior rendimento e depois atribuímos de 4 a 1 para todos os demais educandos, conforme apresentado na Figura 3.2.

Tabela 3.1 Exemplo de uma turma com suas respectivas notas

Nome	Nota
Akinwande Soyinka	3,10
Albert Einstein	4,10
Aristóteles	5,90
Arquimedes	2,60
Carlos Drummond	5,30
Castro Alves	5,80
Cora Coralina	9,70
Galileu Galilei	9,30
Gertrude Elion	2,30
Isaac Newton	8,40
James Maxwell	6,20
José de Alencar	6,40
Leonardo da Vinci	3,30
Machado de Assis	8,30
Marie Curie	2,70
Michael Faraday	9,50
Nikola Tesla	0,20
René Descartes	8,80
Thomas Alva Edison	4,10
Toni Morrison	9,70

Note, pela Tabela 3.1, que os grupos foram formados com estudantes de alto e de baixo rendimento na avaliação, ou seja, são grupos com alto potencial de colaboração, bastando especificar boas metas para estimular a interação e a ajuda.

Em geral, utilizamos a nota mínima para aprovação ou o patamar que se deseja obter como valor que define ajudantes e ajudados. Para o nosso exemplo, escolheremos o valor 5,0 como nota mínima para definir os ajudantes. Além disso, o educando que tiver o maior rendimento é definido como líder do grupo e ficará responsável pela organização dos encontros, pelas listas de presença e pelo bom funcionamento das atividades (Tabela 3.2).

A próxima etapa é a definição de metas para os educandos, que devem ser planejadas nos níveis individuais e coletivos, contendo um número mínimo de encon-

Nome	Nota
Akinwande Soyinka	3,10
Albert Einstein	4,10
Aristóteles	5,90
Arquimedes	2,60
Carlos Drummond	5,30
Castro Alves	5,80
Cora Coralina	9,70
Galileu Galilei	9,30
Gertrude Elion	2,30
Isaac Newton	8,40
James Maxwell	6,20
José de Alencar	6,40
Leonardo da Vinci	3,30
Machado de Assis	8,30
Marie Curie	2,70
Michael Faraday	9,50
Nikola Tesla	0,20
René Descartes	8,80
Thomas Alva Edison	4,10
Toni Morrison	9,70

Nome	Nota
Cora Coralina	9,70
Toni Morrison	9,70
Michael Faraday	9,50
Galileu Galile	9,30
René Descartes	8,80
Isaac Newton	8,40
Machado de Assis	8,30
José de Alencar	6,40
James Maxwell	6,20
Aristóteles	5,90
Castro Alves	5,80
Carlos Drummond	5,30
Albert Einstein	4,10
Thomas Alva Edison	4,10
Leonardo da Vinci	3,30
Akinwande Soyinka	3,10
Marie Curie	2,70
Arquimedes	2,60
Gertrude Elion	2,30
Nikola Tesla	0,20

Figura 3.1 Ordenamento das notas, da maior para a menor.

tros. Em geral, damos liberdade para que os estudantes descubram os melhores horários para o grupo. Contudo, a depender da escolha do professor ou da instituição, é possível solicitar uma ata das reuniões com fotos do grupo, que estas sejam feitas durante os horários da aula ou em horários reservados para essa atividade.

Cumpridas as metas, os alunos ajudados realizam uma nova avaliação do conteúdo e, nesse dia, são aplicados dois questionários para a avaliação do nível de ajuda, conforme explicado no capítulo anterior.

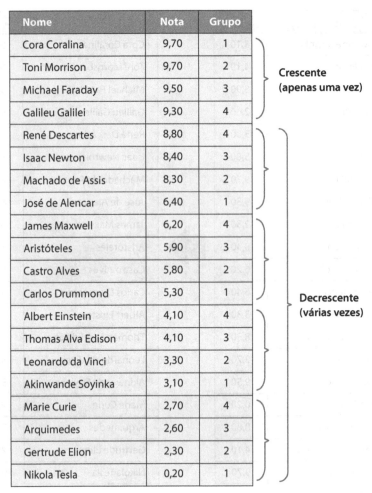

Figura 3.2 Formação dos grupos.

Para o nosso exemplo, decidimos que a nova nota de cada ajudado (P1-300) será a maior entre as duas avaliações (P1 e P1-B) e a dos ajudantes será obtida com base no nível de ajuda oferecido ao grupo e na melhora dos ajudados, conforme Tabela 3.3, que foi gerada a partir da Tabela 2.1, atribuindo N1 = 5 e N2 = 7.

O resultado dessa análise está na Tabela 3.4 em que foi utilizada uma planilha eletrônica que calcula os valores automaticamente, disponível em metodo300.com. Também foram simulados, apenas para fins de exemplificação das etapas do método, os valores para o nível de ajuda oferecido pelos ajudantes. No exemplo,

Tabela 3.2 Grupos formados, com ajudantes e ajudados

Nome	Nota	Grupo	Função
Cora Coralina	9,70	1	Ajudante (líder)
José de Alencar	6,40	1	Ajudante
Carlos Drummond	5,30	1	Ajudante
Akinwande Soyinka	3,10	1	Ajudado
Nikola Tesla	0,20	1	Ajudado
Toni Morrison	9,70	2	Ajudante (líder)
Machado de Assis	8,30	2	Ajudante
Castro Alves	5,80	2	Ajudante
Leonardo da Vinci	3,30	2	Ajudado
Gertrude Elion	2,30	2	Ajudado
Michael Faraday	9,50	3	Ajudante (líder)
Isaac Newton	8,40	3	Ajudante
Aristóteles	5,90	3	Ajudante
Thomas Alva Edison	4,10	3	Ajudado
Arquimedes	2,60	3	Ajudado
Galileu Galilei	9,30	4	Ajudante (líder)
René Descartes	8,80	4	Ajudante
James Maxwell	6,20	4	Ajudante
Albert Einstein	4,10	4	Ajudado
Marie Curie	2,70	4	Ajudado

utilizamos o maior dos acréscimos obtidos como acréscimo final na nota dos ajudantes, desde que a nota final não ultrapassasse o valor máximo da pontuação da avaliação (10 pontos).

Apesar de estarmos falando neste momento em notas, o objetivo de todo esse processo é uma aprendizagem mais significativa dos conceitos trabalhados para todos os educandos, com novas ancoragens, histórias, análises e exemplos. Além disso, o desenvolvimento de novas habilidades relacionadas com interação social, resiliência, empatia, autoestima, ensino e solidariedade estão inevitavelmente presentes, como veremos ao analisar os resultados no Capítulo 5.

Outro ponto importante a ser ressaltado é que esse exemplo mostra a aplicação do Trezentos em um contexto de notas obtidas em uma avaliação individual. Entretanto, é possível estender as etapas aqui apresentadas de modo análogo em um con-

Tabela 3.3 Aumento de nota do aluno ajudante

Melhora do estudante ajudado	Nível de ajuda				
	1	2	3	4	5
Melhora de 0 a 1	0,00	0,25	0,25	0,50	0,50
Melhora maior do que 1 para uma nota final inferior a 5	0,00	0,25	0,25	0,50	0,50
Melhora maior do que 1 para uma nota entre 5 e 7	0,00	0,25	0,50	0,75	1,00
Nota final igual ou superior a 7	0,00	0,25	0,50	1,00	1,50

texto de avaliação por habilidades e competências, ou, ainda, em um ambiente de desenvolvimento de projetos. Nesses casos, que serão mais bem discutidos no Capítulo 6, basta considerar que haverá um prazo para a melhora dessas habilidades ou competências, ou, ainda, para o aperfeiçoamento do projeto a ser apresentado.

COMPREENDENDO E AMPLIANDO

A seguir, são apresentados exercícios e questões para um melhor entendimento das etapas da metodologia e compreensão da filosofia do Trezentos em novos contextos. As respostas dos exercícios estão no final deste capítulo, e as questões serão norteadoras para um diálogo mais aprofundado sobre o método, que faremos no Capítulo 6.

Exercícios para entender melhor
(e ter mais confiança ao aplicar o método)

Exercício 3.1. Em uma turma com 12 estudantes, cujos nomes e notas estão na Tabela 3.5, forme grupos com quatro integrantes seguindo a metodologia descrita neste livro. Identifique os ajudantes e os ajudados considerando que os primeiros são aqueles que tiraram nota igual ou superior a 5,0.

Exercício 3.2. Em uma turma com 13 estudantes (Tabela 3.6), forme grupos com quatro ou cinco integrantes seguindo a metodologia descrita neste livro. Utilize a nota 6,0 para definir ajudantes e ajudados.

Tabela 3.4 Reavaliando ajudantes e ajudados

Nome	P1	P1-B	Grupo	Ajudado 1		Ajudado 2		Acréscimo final	P1-300
				Ajuda	Acréscimo	Ajuda	Acréscimo		
Cora Coralina	**9,70**		1	5	1,00	5	1,50	1,50	**10,00**
José de Alencar	**6,40**		1	4	0,75	4	1,00	1,00	**7,40**
Carlos Drummond	**5,30**		1	5	1,00	5	1,50	1,50	**6,80**
Akinwande Soyinka	**3,10**	6,00	1						**6,00**
Nikola Tesla	**0,20**	7,00	1						**7,00**
Toni Morrison	**9,70**		2	4	0,75	3	0,50	0,75	**10,00**
Machado de Assis	**8,30**		2	4	0,75	4	1,00	1,00	**9,30**
Castro Alves	**5,80**		2	5	1,00	5	1,50	1,50	**7,30**
Leonardo da Vinci	**3,30**	5,00	2						**5,00**
Gertrude Elion	**2,30**	9,00	2						**9,00**
Michael Faraday	**9,50**		3	3	0,25	3	0,50	0,50	**10,00**
Isaac Newton	**8,40**		3	3	0,25	2	0,25	0,25	**8,65**
Aristóteles	**5,90**		3	5	0,50	5	1,00	1,00	**6,90**
Thomas Alva Edison	**4,10**	5,00	3						**5,00**
Arquimedes	**2,60**	5,00	3						**5,00**
Galileu Galilei	**9,30**		4	5	1,50	5	1,50	1,50	**10,00**
René Descartes	**8,80**		4	4	1,00	3	0,50	1,00	**9,80**
James Maxwell	**6,20**		4	5	1,50	5	1,50	1,50	**7,70**
Albert Einstein	**4,10**	10,00	4						**10,00**
Marie Curie	**2,70**	9,50	4						**9,50**

Tabela 3.5 Nomes e notas do Exercício 3.1*

Nome	Nota
Alice	1,0
Ângelo	3,0
Caio	5,0
Cintia	7,0
Flávia	9,0
Guilhermo	0,0
Luísa	2,0
Luiz Sérgio	4,0
Rodrigo	6,0
Thaís	8,0
Thiago	10,0
Vanessa	0,5

* Para composição do exemplo, utilizamos a sequência de números ímpares e pares, adicionando o valor 0,5 ao final.

Exercício 3.3. Considere o grupo de uma aplicação do Trezentos mostrado na Tabela 3.7.

Os Quadros 3.1 e 3.2 mostram os resultados do questionário de avaliação do nível de ajuda aos ajudantes e aos ajudados, respectivamente.

Qual foi o nível de ajuda oferecido pelos ajudantes a cada 1 dos 3 ajudados do grupo? Para isso, utilize a média das avaliações de ajuda feitas para cada binômio ajudante-ajudado, arredondando o resultado.

Exercício 3.4. Um curso possui, tradicionalmente, seu processo avaliativo formado por três provas – P1, P2 e P3 –, distribuídas ao longo do curso, conforme mostra a Figura 3.3. Como ficariam as avaliações caso utilizasse o método Trezentos nessas três provas?

Método Trezentos **25**

Tabela 3.6 Nomes e notas do Exercício 3.2*

Nome	Nota
Alice	1,0
Ângelo	6,0
Caio	1,0
Cintia	8,0
Flávia	0,0
Guilhermo	3,0
Luísa	3,0
Luiz Sérgio	9,0
Ricardo	8,0
Rodrigo	8,0
Thaís	7,0
Thiago	4,0
Vanessa	9,0

* Para a composição do exemplo, foram utilizados os 13 primeiros algarismos significativos do número ϕ (1,618033988749), conhecido também como número de ouro ou proporção áurea, encontrado em muitas obras famosas da arquitetura e também em muitos elementos da natureza.

Tabela 3.7 Nomes, notas e funções de um grupo (Exercício 3.3)

Nome	Nota	Função
Thaís	9,0	Ajudante (líder)
Ricardo	6,5	Ajudante
Luísa	4,0	Ajudado
Vanessa	3,5	Ajudado
Alice	3,0	Ajudado

Quadro 3.1 Respostas do questionário do nível de ajuda (ajudantes)

Nome: Thaís		Grupo: 1		
1 Ajudei nada	2 Ajudei pouco	3 Ajudei razoavelmente	4 Ajudei bastante	5 Ajudei muito
		Luísa		**Vanessa** **Alice**
Nome: Ricardo		**Grupo: 1**		
1 Ajudei nada	2 Ajudei pouco	3 Ajudei razoavelmente	4 Ajudei bastante	5 Ajudei muito
		Alice	**Luísa**	**Vanessa**

Quadro 3.2 Respostas do questionário do nível de ajuda (ajudados)

Nome: Luísa		Grupo: 1		
1 Ajudou nada	2 Ajudou pouco	3 Ajudou razoavelmente	4 Ajudou bastante	5 Ajudou muito
			Thaís **Ricardo**	
Nome: Vanessa		**Grupo: 1**		
1 Ajudou nada	2 Ajudou pouco	3 Ajudou razoavelmente	4 Ajudou bastante	5 Ajudou muito
			Ricardo	**Thaís**
Nome: Alice		**Grupo: 1**		
1 Ajudou nada	2 Ajudou pouco	3 Ajudou razoavelmente	4 Ajudou bastante	5 Ajudou muito
				Thaís **Ricardo**

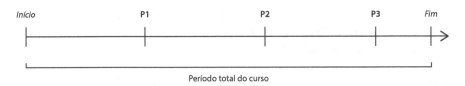

Figura 3.3 Processo avaliativo com base em três provas (Exercício 3.4).

Questões para reflexão (e uma melhor compreensão, para além do tecnicismo)

Questão 1. Como aplicar o Trezentos em cursos noturnos ou em outros nos quais os estudantes têm pouco tempo para reuniões fora do horário das aulas?

Questão 2. Como utilizar o Trezentos na educação básica, em especial no ensino fundamental, nos quais os educandos não têm autonomia para encontros sem supervisão?

Questão 3. É possível realizar o Trezentos na educação a distância, em que as reuniões presenciais ficam prejudicadas pela própria característica dessa modalidade educativa?

Questão 4. Existe alternativa para o Trezentos em cursos muito densos, por exemplo, com muito conteúdo, nos quais os professores estão certos de que não há tempo suficiente para novas avaliações de aprendizagem?

Questão 5. Se o curso é fundamentado em projetos e só há uma avaliação final, como aproveitar o método Trezentos?

Questão 6. Cursos ou atividades cuja avaliação seja baseada no desenvolvimento de habilidades e competências poderiam ser aprimorados com o Trezentos?

Questão 7. É possível que um grupo de pessoas que deseja estudar um determinado conteúdo temático utilize o Trezentos, sem que haja necessariamente um professor? Como funcionaria?

Questão 8. Com algumas exceções, a área empresarial é majoritariamente pautada pela concorrência e individualismo. É possível utilizar metodologias cooperativas em empresas ou em gestão pública?

Questão 9. Como aplicar o Trezentos se na turma não há ajudantes, ou seja, educandos com bom desempenho?

Questão 10. Como utilizar o método Trezentos em turmas formadas somente por estudantes com excelência acadêmica ou superdotados?

Essas questões estão discutidas em maior profundidade no Capítulo 6, todavia, para um melhor aproveitamento, é necessário que se faça previamente reflexões profundas sobre cada uma delas. Quais seriam suas sugestões caso fosse um consultor recebendo tais questionamentos? Consegue visualizar quais dificuldades enfrentaria e os possíveis caminhos a seguir?

Respostas dos exercícios

Exercício 3.1. Após o ordenamento das notas e a distribuição dos números dos grupos, teremos a formação dos três grupos, conforme mostrado na Figura 3.4.

Exercício 3.2. Há uma peculiaridade neste exercício que nos leva a observar alguns pontos interessantes. Se temos um número total de estudantes de modo que os gru-

Nome	Nota	Grupo
Thiago	10,0	1
Flávia	9,0	2
Thaís	8,0	3
Cintia	7,0	3
Rodrigo	6,0	2
Caio	5,0	1
Luiz Sérgio	4,0	3
Ângelo	3,0	2
Luísa	2,0	1
Alice	1,0	3
Vanessa	0,5	2
Guilhermo	0,0	1

Nome	Nota	Grupo	Função
Thiago	10,0	1	Ajudante (líder)
Caio	5,0	1	Ajudante
Luísa	2,0	1	Ajudado
Guilhermo	0,0	1	Ajudado
Flávia	9,0	2	Ajudante (líder)
Rodrigo	6,0	2	Ajudante
Ângelo	3,0	2	Ajudado
Vanessa	0,5	2	Ajudado
Thaís	8,0	3	Ajudante (líder)
Cintia	7,0	3	Ajudante
Luiz Sérgio	4,0	3	Ajudado
Alice	1,0	3	Ajudado

Figura 3.4 Grupos formados (resposta do Exercício 3.1).

Método Trezentos **29**

pos tenham o mesmo número de integrantes, então o aluno com a maior nota auxiliará aquele com o menor rendimento (veja o grupo 1 na resposta do Exercício 3.1). Note também que a distância entre as notas dos primeiros ajudantes será cada vez menor (compare as notas dos ajudantes nos grupos do Exercício 3.1). Desse modo, se tivermos mais um educando em algum grupo, o último deles terá mais condições de colaborar com esse novo integrante, pois ambos ajudantes tiveram um excelente rendimento.

Em alguns casos, também é possível que os grupos com mais integrantes tenham mais ajudantes, como no caso daqueles formados no Exercício 3.2, conforme mostra a Figura 3.5.

Exercício 3.3. O nível de ajuda sempre é feito com base em um binômio ajudante-ajudado. Com base no exemplo, teremos de avaliar a ajuda oferecida pelos ajudantes (Thaís e Ricardo) aos alunos ajudados (Luísa, Alice e Vanessa). Os resultados estão exibidos na Tabela 3.8, na qual fizemos um arredondamento da média da ajuda para o maior valor inteiro.

Vale lembrar que os valores de ajuda, correlacionados com a melhora dos alunos ajudados, servirão para o cálculo da nova nota dos ajudantes.

Exercício 3.4. Se um curso possui, tradicionalmente, três avaliações (P1, P2 e P3) e deseja-se aplicar o Trezentos em todas elas, então basta inserir as novas avaliações (P1-300, P2-300 e P3-300) em um prazo de 7 a 15 dias após cada uma das avalia-

Nome	Nota	Grupo
Luiz Sérgio	9,00	1
Vanessa	9,00	2
Cintia	8,00	3
Ricardo	8,00	3
Rodrigo	8,00	2
Thaís	7,00	1
Ângelo	6,00	3
Thiago	4,00	2
Guilhermo	3,00	1
Luísa	3,00	3
Alice	1,00	2
Caio	1,00	1
Flávia	0,00	3

Nome	Nota	Grupo	Função
Luiz Sérgio	9,00	1	Ajudante (líder)
Thaís	7,00	1	Ajudante
Guilhermo	3,00	1	Ajudado
Caio	1,00	1	Ajudado
Vanessa	9,00	2	Ajudante (líder)
Rodrigo	8,00	2	Ajudante
Thiago	4,00	2	Ajudado
Alice	1,00	2	Ajudado
Cintia	8,00	3	Ajudante (líder)
Ricardo	8,00	3	Ajudante
Ângelo	6,00	3	Ajudante
Luísa	3,00	3	Ajudado
Flávia	0,00	3	Ajudado

Figura 3.5 Grupos formados (resposta do Exercício 3.2).

Tabela 3.8 Nível de ajuda oferecido pelos ajudantes

Ajudante	Ajudado	Avaliação feita pelo ajudante	Avaliação feita pelo ajudado	Avaliação do nível de ajuda
Thaís	Luísa	3	4	4
Thaís	Vanessa	5	5	5
Thaís	Alice	5	5	5
Ricardo	Luísa	4	4	4
Ricardo	Vanessa	5	4	5
Ricardo	Alice	3	5	4

ções principais. Se possível, antecipar as avaliações com relação ao que já se fazia tradicionalmente, em especial a última das avaliações (P3). O resultado é mostrado na Figura 3.6.

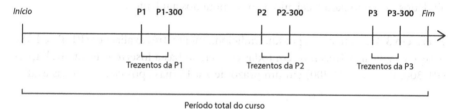

Figura 3.6 Processo avaliativo fundamentado em três avaliações (Exercício 3.4).

4

Potencializando o Trezentos

Este capítulo aborda algumas sugestões com o objetivo de melhorar o apoio aos estudantes e o engajamento nos encontros e em sala de aula. Na primeira delas, mostramos como identificar os educandos com maiores dificuldades de aprendizagem e com grande potencial de reprovação e evasão, além de apresentar uma possível solução para o enfrentamento desse panorama. Na segunda alteração, apresentamos uma reavaliação dos alunos ajudados considerando o nível de interação com o grupo. Em seguida, é considerada uma alternativa para que as aulas sobre novos conceitos sejam mais interessantes com base nos grupos formados.

ESTUDANTES COM MAIORES DIFICULDADES DE APRENDIZAGEM

Após acompanharmos os resultados de cinco turmas de engenharia da Universidade de Brasília em que foi utilizado o Trezentos, descobrimos que, se a nota de um estudante não evolui para um valor que represente, pelo menos, 80% da nota mínima para aprovação já na primeira aplicação do método, ele tem uma probabilidade de cerca de 95% de reprovação. Mesmo que esse cenário sofra alguma alteração, a depender do contexto, é possível identificar um grupo já nas fases iniciais de um curso que necessita de um apoio com estratégias diferenciadas.

O processo avaliativo na disciplina em que foi feita essa pesquisa era composto por três provas escritas, individuais e sem consulta. Para cada uma dessas avaliações, havia a formação de grupos e a consequente reaplicação de prova para os ajudados. Se, no primeiro resultado do Trezentos, já conhecíamos os alunos com maiores dificuldades, teríamos de descobrir se haveria tempo hábil para dar mais apoio a esses educandos, já que se tratava de um curso semestral. Os resultados mostraram que, em boa parte dos casos, era possível sim!

Pesquisas anteriores mostraram que alguns dos principais problemas enfrentados por esses estudantes era a dificuldade de compreensão de conceitos básicos e um alto nível de nervosismo e ansiedade em provas (FRAGELLI, 2015). Desse modo, a alternativa proposta deveria focar a aprendizagem ativa acerca de conceitos básicos e uma avaliação que proporcionasse mais conforto e acolhimento.

Nesse sentido, um grupo de mentoria com alunos veteranos voluntários foi formado de modo a trabalhar os conceitos básicos da disciplina por meio de metodologias ativas, tais como a sala de aula invertida (BERGMANN; SAMS, 2012), a aprendizagem híbrida (*blended learning*) (GARRISON; KANUKA, 2004; HORN; STAKER, 2015) e, principalmente, o RDD (FRAGELLI, 2014). Além disso, as demais avaliações de aprendizagem foram realizadas em ambiente com maior acolhimento, com um número reduzido de estudantes e tempo estendido.

Foram definidos vários horários para essas atividades presenciais com o grupo de mentoria, em que cada encontro era realimentado com novas metas a serem cumpridas nos intervalos dessas reuniões, com o acompanhamento do rendimento de cada educando. Se o número de alunos for alto, é aconselhável organizar grupos menores, atribuindo um ou dois colaboradores para tutorar cada grupo.

Os educandos que se encontram nessa situação de apoio potencializado que chamamos de Trezentos Turbo, ou Trezentos com Mentoria, continuam participando das demais atividades durante o período letivo por meio de novas aplicações do Trezentos nas demais avaliações do curso que foram previamente planejadas.

REAVALIANDO OS AJUDADOS COM BASE NA INTERATIVIDADE

Se o professor perceber pouca interação entre os participantes dos grupos, é possível incentivar o engajamento por meio do diálogo de conscientização, desenvolver um roteiro para auxiliar nos encontros dos grupos ou utilizar um questionário de avaliação da interatividade dos ajudados. Se a escolha for pela associação do engajamento com a nova nota obtida, apenas se faz necessário avaliar a participação dos ajudados, já que a dos ajudantes é mensurada indiretamente pelo questionário de avaliação da ajuda.

Uma experiência que fizemos nesse sentido foi o de implementar o questionário apresentado no Quadro 4.1, na qual tínhamos como acompanhar a interação dos ajudados com o grupo.

Método Trezentos 33

Quadro 4.1 Escala de interação com o grupo			
Distribua os ajudados do seu grupo (inclusive você, se for o caso) de acordo com o quanto *interagiram* com os demais integrantes do grupo.			
Nome:			**Grupo:**
1 Quase não interagiu	2 Interagiu razoavelmente	3 Interagiu bem	4 Interagiu muito

Assim, a nota final do ajudado a cada avaliação de um conteúdo será um percentual entre as avaliações da aprendizagem realizadas. Na aplicação que fizemos com essa nova abordagem, escolhemos a ponderação exibida no Quadro 4.2.

O valor final da interatividade é calculado pela média dos valores avaliados por todos os estudantes do grupo, incluindo a autoavaliação feita pelo educando. Atualmente, optamos por uma solução mais simples, em que utilizamos apenas uma ponderação definida entre as notas obtidas, calculada por 20% da menor nota e 80% do melhor resultado. Todavia, sugerimos que se utilize a maior das duas notas nas primeiras experiências antes de verificar a necessidade de utilizar estratégias adicionais.

O cálculo da nota do ajudado feito pela ponderação entre as notas obtidas pode ser defendida por questões de responsabilidade do educando sobre a primeira avaliação realizada. Contudo, também é factível explicá-la por meio de alguns princípios mais complexos que regem a participação em ambientes cooperativos.

Quadro 4.2 Relação entre o nível de interatividade e a nota final	
Interatividade	**Nota final do ajudado**
1 (Quase não interagiu)	50% da menor nota + 50% da maior nota
2 (Interagiu razoavelmente)	40% da menor nota + 60% da maior nota
3 (Interagiu bem)	30% da menor nota + 70% da maior nota
4 (Interagiu muito)	20% da menor nota + 80% da maior nota

Muitos estudos e experimentos de ambientes cooperativos funcionam com base em problemas clássicos, como o Dilema do Prisioneiro (*prisioner's dilemma*), o Problema de Newcomb (*Newcomb's problem*), o Problema dos Caronas (*free riders*) e a Tragédia dos Comuns (*tragedy of the commons*), entre outros, que envolvem os efeitos das decisões entre cooperar ou não, além de instituir diferentes consequências para a cooperação mútua e a não cooperação mútua (FEHR; GÄCHTER, 2000; HAUERT et al., 2002, 2006; KAUL; GRUNBERG; STERN, 1999; OHTSUKI et al., 2006). Tais experimentos mostram que, em geral, as atividades nas quais existem apenas consequências positivas ou nulas para o nível de colaboração têm resultados mais pobres do que aquelas que têm consequências positivas e negativas, ou seja, com algum tipo de restrição aos integrantes não cooperativos.

Por outro lado, outra característica importante levantada nessas pesquisas é que um participante estará propenso a seguir o padrão do vizinho próximo mais bem-sucedido e com maior aptidão, seja cooperativo ou não, inferindo sobre riscos e benefícios. Desse modo, em grupos majoritariamente cooperativos, é bem provável que a cooperação se mantenha, desde que esses vizinhos sejam entendidos como bem-sucedidos pelos educandos. Entretanto, se a turma não for naturalmente predisposta à colaboração, principalmente nos casos em que, segundo as crenças próprias de cada sujeito, o esforço é considerado muito alto em comparação ao benefício recebido, a utilização de consequências negativas para os membros não cooperativos pode surtir mais efeito.

Para não nos desvirtuarmos da linha norteadora inicial, defendemos que, no âmbito educacional, apenas a simples aplicação do Trezentos contenha elementos suficientes para estimular a colaboração. Todavia, em casos especiais de falta de propensão à cooperação, soluções simples, como o cálculo das notas dos ajudados conforme a interatividade ou, ainda, um aspecto restritivo na participação em outros momentos da metodologia para não cooperativos, sejam caminhos a serem avaliados.

Apesar de não ser minha solução preferida, outra possibilidade é a participação voluntária no Trezentos, que será avaliada mais adiante, no Capítulo 6, ao tratarmos de outros contextos. Em alguns casos, principalmente para estudantes que mantêm uma atividade profissional, pode haver um questionamento sobre o alto custo para realizarem os encontros com relação aos benefícios da cooperação. Assim, realizar uma pesquisa prévia verificando quem deseja aderir é uma alternativa promissora (HAUERT et al., 2002).

AUMENTANDO O ENGAJAMENTO NA SALA DE AULA

Um dos pontos interessantes do Trezentos e que o faz ser um método bastante fácil de ser aplicado em diferentes cenários é o fato de não necessitar, inicialmente, de uma grande mudança de postura do professor ou do percurso pedagógico que já é empregado em um determinado contexto de aprendizagem. Desse modo, pode ser utilizado em cursos predominantemente tradicionais ou nos mais contemporâneos, que praticam os avanços de metodologias e tecnologias.

Em geral, caso deseje utilizar uma nova metodologia educativa, o responsável pela organização das atividades de aprendizagem necessita modificar seu estilo de ensino ou, pelo menos, algumas de suas concepções sobre educação. Dessa forma, em muitos casos, o professor pode se sentir desconfortável, reticente ou inseguro, considerando, ainda, um esforço e um risco muito grande para sua utilização, escolhendo permanecer em sua zona de conforto.

No caso do Trezentos, em um primeiro momento, não há alteração quanto à dinâmica planejada para a aprendizagem em sala de aula, bastando fazer os agrupamentos de acordo com a metodologia proposta, especificando boas metas a serem cumpridas em um prazo determinado, realizando nova avaliação após os encontros e reavaliando ajudantes com base em alguns pressupostos. Então, onde está a aprendizagem ativa e colaborativa? Fora das vistas do professor. Os estudantes aproveitam o tempo extraclasse para realizar os encontros e interagir com os integrantes do grupo e com o conteúdo de maneira mais profunda e com maior liberdade. Contudo, como poderíamos ampliar essa aprendizagem ativa nos encontros com o professor?

Essa questão manifestou-se como uma oportunidade nas vezes em que fui convidado a ministrar oficinas de formação para professores em diversas instituições. Para isso, projetei um ambiente em que os participantes pudessem experimentar as principais sensações do método, tanto por parte do educador quanto sob a lente do educando.

Na primeira parte dessa formação docente, os professores representavam estudantes que haviam recebido a nota de uma avaliação fictícia, que lhes era atribuída por meio de uma carta. Logo depois, formávamos os grupos de colaboração do Trezentos, que deveriam cumprir metas em outro ambiente. Uma delas era a resolução de problemas de lógica acessíveis e interessantes, idealizados para que os integrantes dos grupos pudessem interagir ao máximo entre si, encontrando meios para o diálogo com a finalidade de atingir um consenso sobre o resultado correto. Após uma resposta harmônica do grupo ou algum tempo de imersão, eu, como orientador da atividade, poderia interferir, estimulando novas abordagens ou questões para promover o diálogo e a aprendizagem.

A oficina continuava com as demais etapas do método, que eram a aplicação de nova avaliação, questionários de avaliação da ajuda e cálculo de notas. Entretanto, esse momento de simulação das reuniões do grupo, potencializada e orientada pelo professor, era um caminho profícuo a ser explorado. Ou seja, os grupos do Trezentos poderiam ser utilizados também em sala de aula para o estudo de novos conceitos e desenvolvimento de práticas de aprendizagem ativa, potencializados pela orientação do educador.

Tivemos muitas experiências nesse sentido e observamos bons resultados, principalmente com um roteiro bem estabelecido, com níveis graduais de desafios e descobertas de novos conceitos. Quando feito na primeira aula logo após a composição dos grupos, também evolui como uma boa estratégia para estimular a socialização entre os integrantes.

5

Alguns resultados

> Costumo dizer que, para mim, o método Trezentos veio dos céus. Não é apenas um método de recuperação, mas sim de oportunidade, de ensino, de aprendizagem e, principalmente, de superação. Comecei o Trezentos sendo ajudada por meus colegas, que, diga-se de passagem, se descobriram professores por meio do método, e, com isso, aprendi a estudar, a me disciplinar, a me dedicar e a tentar. Logo na primeira aplicação do método Trezentos, recuperei minha nota e ganhei mais vigor para a segunda prova, para a qual mais uma vez precisei ser auxiliada, porém, com a certeza de que seria capaz. Já na terceira prova, tive a oportunidade de ajudar, pois o Trezentos me mostrou que posso ir além dos meus limites, alcançar um bom resultado e também transmitir o que aprendo. Então, o Trezentos é mais do que um método de recuperação de nota, ele é um aviso dizendo "você é capaz". (Aluna da profa. Michelle Vianna, do curso de Odontologia da PUCPR)

O Trezentos tem sido aplicado na educação superior, em muitas áreas do conhecimento, e também na educação básica, com resultados semelhantes aos que vamos apresentar neste capítulo. Mesmo assim, escolhemos trabalhar com alguns dos resultados obtidos em pesquisas, observações e análises feitas em oito turmas de

Cálculo 1 (C1) e duas de Cálculo 2 (C2) no curso de engenharia, na Universidade de Brasília, com média de 125 estudantes por turma.

Na primeira parte dos resultados, abordamos a melhora no rendimento nas avaliações e no nível de aprovação e uma redução nos níveis de nervosismo e ansiedade em provas (FRAGELLI, 2015). Na segunda, estudamos o impacto de se utilizar um elemento de mentoria aos alunos com maiores dificuldades de aprendizagem. Na análise seguinte, complementar às anteriores, verificamos o impacto da metodologia no engajamento e na construção de valores humanos, sob a ótica dos educandos, abordando alguns pontos importantes, como empatia, socialização, solidariedade, união, diversidade, autoestima, superação, tolerância e isolamento (FRAGELLI; FRAGELLI, 2017b). De modo suplementar, apresentamos, ao final, alguns depoimentos pelos quais pretendemos atingir alguns pontos que não conseguimos abordar neste livro e estender a visão e o entendimento para aspectos cuja análise dependeria do contexto e da história pessoal de cada leitor.

TREZENTOS

Um dos principais resultados observados ao valer-se do Trezentos é uma melhora significativa nas notas. Vários colegas professores têm apontado essa característica e, no caso da disciplina de Cálculo 1, observa-se uma melhora por volta dos 40% da média geral de notas. Considerando apenas os estudantes ajudados, nosso maior foco, a melhora na média de notas em geral é superior a 100% (FRAGELLI, 2015). A partir da sexta experiência, fizemos a escolha em utilizar 80% da maior nota e 20% da menor nota para o cálculo da nota dos ajudados para cada aplicação do Trezentos. Temos observado um panorama em que a média das notas da turma tem um acréscimo de cerca de 30%. Uma vez mais, sugerimos que, na primeira oportunidade de experimentação com o método, preferencialmente se utilize a maior entre as duas notas e se verifique a necessidade de tal ponderação com o passar do tempo.

A Figura 5.1 exibe a melhora das notas, representando a distribuição das médias finais obtidas pelos estudantes nas avaliações principais do curso e, depois, com o método Trezentos. A aprovação na disciplina aumentou de 50 para 85%, considerando aqueles que realizaram todas as avaliações (FRAGELLI, 2015).

Vale acrescentar à análise do gráfico da Figura 5.1 uma observação simples e objetiva. Sem analisar outros aspectos da formação humana, considerando apenas o rendimento nas avaliações, a linha inferior (sem Trezentos) mostra onde geralmente nos encontramos, e a superior (com Trezentos) é onde poderemos estar se

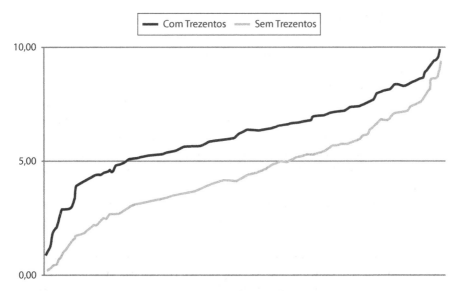

Figura 5.1 Média das avaliações antes e depois do Trezentos.

utilizarmos o método. Onde gostaríamos de estar como alunos, como professores ou como humanidade?

Outro ponto a ser destacado é que grande parte dos educandos se sente mais tranquila nas avaliações de aprendizagem após a introdução da metodologia em ambas as avaliações. Na primeira, por saberem que terão a oportunidade de realizar uma nova avaliação caso tenham baixo desempenho, com o apoio dos colegas para um melhor entendimento dos conceitos. Na segunda, por se sentirem mais bem preparados e porque há colegas que, até alguns dias atrás, eram quase ou totalmente desconhecidos, e agora desejam sua melhora. Quando é realizada a nova avaliação, todos os integrantes do grupo vão ao local da prova apresentar as metas realizadas, e os ajudantes, ao deixarem os demais integrantes do grupo no local da prova, com frequência oferecem um abraço voluntário aos demais colegas com uma mensagem de "Fique tranquilo, você está preparado. Você vai conseguir!".

Analisamos a influência do método quanto ao nervosismo e à ansiedade em provas por meio de um questionário contendo duas escalas de Likert com 4 pontos. Descobrimos que 90% dos estudantes se sentem mais tranquilos após o trabalho com o grupo (FRAGELLI, 2015).

TREZENTOS TURBO

Conforme citado no capítulo anterior, o Trezentos Turbo, ou Trezentos com Mentoria, surgiu da análise dos resultados de diversas turmas nas quais, após a primeira aplicação do Trezentos, era possível identificar um grupo com alta probabilidade de reprovação. Na primeira turma em que fizemos essa alteração, encontramos 12 estudantes que tinham essas características, e, assim, foi formado um grupo de mentoria para dar mais apoio, trabalhando principalmente conceitos prévios por meio de aprendizagem híbrida e de outras metodologias de aprendizagem ativa, já apresentadas. Além disso, eles realizavam as provas em ambiente mais acolhedor e com tempo estendido.

O resultado foi que 8 desses 12 estudantes, em um prazo de quatro semanas, estavam entre os 20 com melhor rendimento de uma turma com 125 alunos. Ao valer-se desses elementos didáticos, não estou defendendo que tiremos toda a dureza da existência, da realidade das coisas, das responsabilidades e consequências, mas que a vida também não seja implacável. Ao analisar com maior profundidade, parte desses alunos com muitas dificuldades de aprendizagem era formada por pessoas que quase sempre receberam obstáculos e dificuldades, se alimentando de falsas generosidades e sendo apenas sombras de vida, por vezes sugados pela escuridão em uma imobilidade quase absoluta. Pessoas que com frequência receberam olhares de desprezo e desconfiança daqueles que deveriam apoiá-los e orientá-los, pais e professores. Alguns desses alunos que estavam quase acostumados a serem hospedeiros do fracasso se tornaram líderes de grupos, e depois evoluíram para monitores da disciplina. Foram alguns dos mais inspiradores, empáticos e generosos colaboradores que o Trezentos teve a audácia de desejar.

Muitos sistemas educacionais espalhados pelo mundo são altamente competitivos e seletivos, e, ao escolher aqueles cujos saberes são considerados melhores, imprimem o mito da inferioridade e pulverizam a autoestima de boa parte dos educandos, frustrados em sua potência.

Como resultado final da primeira experiência com o Trezentos Turbo, dos 125 estudantes que iniciaram a disciplina de Cálculo 1, 6 não foram conosco até o final por motivos diversos (transferência, trancamento e problemas de saúde) e, dos 119 que finalizaram o curso, 113 (95%) foram aprovados com essa alteração no método.

Ao analisar o grupo de estudantes não aprovados, boa parte deles não se encontrava no grupo especial do Trezentos Turbo, pois não estava no critério de seleção, mas provavelmente precisava de um apoio mais próximo. Alguns poucos, mesmo com o Trezentos e a mentoria, não conseguiram avançar na disciplina, devido ao pouco tempo para a construção dos conceitos a serem trabalhados, em geral com grandes problemas de formação básica e um nível muito alto de nervosismo e ansiedade em avaliações. Outro ponto importante é a desmotivação natural de alguns desses alunos provocada pelas frequentes reprovações obtidas na mesma disciplina.

Para os alunos nessas condições, criou-se uma turma especial em que tinham mais tempo para o desenvolvimento de todas as habilidades e competências necessárias para a disciplina de Cálculo 1, estendendo o prazo usual até que conseguissem dominar os conceitos necessários e esperados para um estudante de engenharia. A estratégia pedagógica para esse grupo especial de alunos foge do escopo deste livro, mas, basicamente, está baseada na construção de uma maior autonomia dos educandos, estratégias para engajamento, aprendizagem híbrida, processo avaliativo diferenciado e aprendizagem ativa e colaborativa.

Após a primeira experiência com o Trezentos Turbo, a mesma estratégia foi utilizada nas demais turmas, inserindo uma ponderação no cálculo das notas dos ajudados compostas por 20% da menor nota e 80% da maior. Isso fez os estudantes terem certa responsabilidade pelo resultado da primeira avaliação. A média das notas das avaliações principais tiveram um aumento, mas a aprovação das turmas estabilizou em algo próximo aos 85%, bem superior à média histórica de 50%. A Figura 5.2 mostra o resultado da última turma analisada antes da elaboração deste livro.

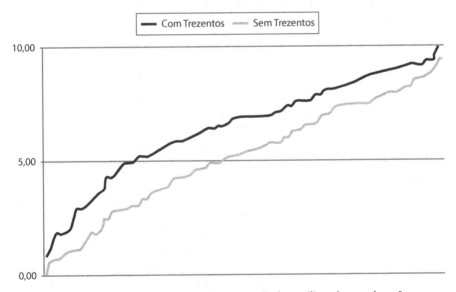

Figura 5.2 Distribuição de notas, com Trezentos Turbo, utilizando ponderação para o cálculo das notas dos estudantes ajudados.

UMA ANÁLISE SOBRE A PERCEPÇÃO DOS ESTUDANTES

Não há dúvidas de que escolher trabalhar com metodologias ativas e colaborativas é menos cômodo do que perpetuar o velho *status* professor-aluno, no estilo de dominação do tempo e provocador das situações. Entretanto, ao decidir por voluntariamente fazê-lo, o professor também inicia um caminho sem volta de liberdade, visão, humanidade e consciência.

No primeiro dia de aula, em geral, encontro muitas pessoas no corredor em frente à sala de aula, sendo que grande parte não está matriculada no meu curso. São alunos veteranos, que já participaram do Trezentos em algum momento da vida acadêmica. Quando me veem, apenas se aproximam sorridentes e, com olhos tão cheios de vida que quase transbordam a alimentar outros olhos, dizem: "Professor, o senhor precisa de alguma ajuda?". Creio que isso *per se* seria um resultado humanizado de solidariedade e de pertencimento que valeria todo o nosso esforço. Fico feliz em iniciar a análise sobre a percepção dos estudantes relembrando este depoimento:

> Foi excelente. Um exemplo de vida. Uma experiência pessoal riquíssima. Um prazer enorme. Foi como reaprender a aprender. Uma dívida de gratidão. (Estudante, C1)

No estudo sobre a dimensão humana do método, aplicamos algumas escalas com o objetivo de analisar a percepção dos educandos sobre as reuniões dos grupos, sua satisfação e conforto em participar de grupos distintos, sobre empatia, socialização e sentimento de justiça sobre a avaliação da ajuda oferecida. Tais escalas foram respondidas por 85 estudantes de Cálculo 1 que participaram do método e que também puderam se expressar em um espaço aberto para depoimentos (FRAGELLI; FRAGELLI, 2017b).

Os resultados mostraram que as reuniões em grupo, segundo a metodologia proposta, foram boas oportunidades para o estudo para a totalidade dos alunos e 89% gostaram de fazer parte de grupos diferentes a cada avaliação.

Ao analisar os estudantes que não se sentiram confortáveis em grupos sem afinidades iniciais, lembremos que é uma situação natural, já que a aprendizagem que envolve uma organização do eu é ameaçadora e tende a suscitar resistência (ROGERS, 1973). Outros autores de áreas distintas também corroboram essa afirmação, a exemplo do já citado Festinger (1957), no sentido do confronto de ideias, valores, crenças e comportamentos.

Outro aspecto relevante é que, no método de colaboração que defendemos, é imprescindível que haja uma relação verdadeira entre os sujeitos envolvidos e, do mesmo modo que o ser humano tem características facilmente aceitas, como inteligência, entusiasmo, interesse, tolerância, bondade, afeição, há outras irremediavelmente humanas que também podem permear o cenário educativo, como, por exemplo, a rejeição e a estranheza de algumas primeiras impressões pessoais. Certamente, há um limite entre a tolerância e a rejeição que deve ser considerado e trabalhado em um nível pessoal. Mesmo assim, é bem provável que seja uma oportunidade para os educandos que estiveram em contato com a diversidade de culturas e opiniões indo na direção da comunhão de contrários e da tolerância mútua (FRAGELLI; FRAGELLI, 2017b):

> O Trezentos me fez conhecer mais os seres que eram tão "estranhos" à primeira vista, tudo muito diferente. Então, eis que surge um professor que ajuda a ajudar os alunos, um trabalho em equipe que eu jamais havia visto, todos dispostos a dar o melhor de si. Com essa metodologia aprendi que: me ensine a apoiar e EU serei apoiada. (Estudante, C1)

Com relação ao ensejo em despertar o olhar do estudante para o colega ao lado, almejava-se construir uma noção sincera de empatia. Isso tem correlação com o resultado anterior, pois, para se colocar na posição do outro, é necessário estar disposto a se modificar e a rever conceitos pessoais, e isso gera resistência. Contudo, foi possível observar que 99% dos educandos se sentem bem quando alguém ajudado por ele melhora seu rendimento, e isso pode ser um grande agente catalisador de mudança.

A maioria dos participantes considerou que estava mais integrada à turma, sendo que o método também alterou a percepção sobre o processo educativo e a sensibilidade pelos colegas com dificuldades de aprendizagem:

> Este semestre em Cálculo foi incrível por uma porção de razões, mas o Trezentos sem dúvida foi algo especial. Achei interessante que ele beneficia não apenas o aluno que vai refazer a prova, mas aquele que está ajudando também. Pelo menos, na minha experiência, foi incrível, porque descobri que adoro ensinar/ajudar os outros! (Estudante, C1)

Alguns dos participantes evidenciaram uma construção de cumplicidade entre professor e estudante e que, vale acrescentar, pode servir de alerta a futuros colaboradores. Em outras palavras, é possível que o nível de envolvimento dos educandos com a metodologia tenha alguma correlação com o nível de confiança que o professor demonstra ter sobre o potencial dos alunos. Esse assunto será mais bem discutido no Capítulo 6, ao verificarmos algumas condições para o sucesso do Trezentos na educação a distância.

Os aprendizes que não se sentiam preparados para enfrentar os desafios da universidade também foram beneficiados. Para além do acolhimento, o método pode ser uma oportunidade de superação, de aumento da autoestima e da retomada do prazer pelos estudos:

> A metodologia do Trezentos acabou com meu medo de cálculo. Cálculo 1 é uma matéria conhecida pelo alto índice de reprovação, e, como sou oriunda de escola pública, cheguei na universidade pensando que iria reprovar, que a matéria seria extremamente difícil. Não foi. Realmente. Inclusive, Cálculo 1 acabou se tornando uma das disciplinas das quais mais tenho prazer em estudar. (Estudante, C1)

Outro aspecto interessante foi a continuidade dos grupos e a extensão do método para outras disciplinas do curso, mesmo sem a intervenção dos professores:

> Experiência muito boa. Utilizamos em outras disciplinas, fazendo grupos de estudos, tirando dúvidas e tentando ajudar todo mundo. (Estudante, C1)

Mais de 70% dos educandos declararam que aprenderam a estudar, e, se definidas boas metas, os aprendizes com alto rendimento percebem frequentemente falhas na aprendizagem de alguns conceitos prévios e trabalham tais conteúdos em cumplicidade e empatia com o estudante ajudado:

Foi muito bom. Na P1, me ajudou bastante, e, depois disso, "aprendi como estudar". Também foi muito bom ajudar os outros. Na P2, um garoto que eu ajudei melhorou mais de 2.000% e depois veio me agradecer por isso. A sensação que dá é simplesmente incrível! (Estudante, C1)

Conforme explicado no início deste livro, escolhemos não seguir uma linha específica das diversas, úteis e intrigantes teorias de aprendizagem para defender ou explicar as etapas ou resultados da metodologia, ampliando e dando liberdade para novos colaboradores em pontos específicos. Entretanto, com base na percepção dos educandos, é fácil concordar com Rogers (1973, 1991) quando defende que um dos pontos importantes da aprendizagem é o próprio processo de aprender, uma atividade metacognitiva que faz o educando refletir sobre como foi seu caminhar em favor de uma aprendizagem significante.

MERGULHANDO EM OUTROS MARES POR MEIO DA ARTE E DA ESTÉTICA

Acredito que, mesmo com os resultados aqui apresentados de melhora do rendimento nas avaliações de aprendizagem, do aumento dos índices de aprovação e da análise da percepção dos educandos sobre o processo vivenciado, ainda não foi possível mostrar em todos os aspectos o que o Trezentos representa para boa parte de nós, professores e estudantes, que temos contato com ele. Isso porque foi preciso se apoiar em teorias, argumentações e autores que promovam o norte e o método científico necessários para torná-lo válido e replicável, mas que, por vezes, escondem involuntariamente parte das sensações que recobrem nossas atividades.

Ao lembrar Friedrich Nietzsche (1976a, 1976b), em *A gaia ciência*, *Assim falou Zaratustra* e um sem-fim de obras nas quais lançava mão de linguagem poética para fazer entender suas melhores ideias em outra perspectiva, e o ganho de inspiração em Mário de Andrade (2005), que inicia um de seus antológicos poemas dizendo: "Eu sou trezentos, sou trezentos e cinquenta, as sensações renascem de si mesmas sem repouso", creio que seja uma boa oportunidade para despertar também o nosso olhar para algo além do eco mecânico do tecnicismo das etapas do método e dos resultados analíticos, partindo para uma perspectiva distinta e suplementar.

Sendo ainda esse processo mais do educando do que do educador, creio que a melhor forma de fazê-lo seria apresentar alguns de seus depoimentos de forma livre, colhidos entre os estudantes de engenharia das disciplinas de Cálculo 1 (C1) e Cálculo 2 (C2), obtidos em 2017, sem qualquer tipo de análise, uma vez que podem causar impressões e sensações diferentes, a depender do contexto e da história de cada leitor. Esperamos que sejam encontradas mais lacunas do que palavras, além das que fomos capazes de descobrir, e que possam gerar novos entendimentos, coragens e inquietações.

As quebras de texto foram intencionalmente feitas para lembrar o leitor de olhar, ver e refletir, ou, como diria José Saramago (1995): "Se podes olhar, vê. Se podes ver, repara". Seguem como relatos reais e sinceros, sobre timidez, isolamento, diversidade, medo, realidade, nervosismo, superação, gratidão, inspiração, ensino e dimensões da ajuda.

Timidez

Sou uma pessoa de poucos amigos,
e o Trezentos me ajudou a conhecer novas pessoas.
(Estudante, C2)

Com o Trezentos eu aprendi a estudar corretamente
e a me empenhar mais,
além de ter perdido a timidez
com a interação com pessoas novas.
(Estudante, C1)

No Trezentos, a melhor oportunidade
foi a de conhecer melhor novas pessoas
e a de me fazer mais confortável
dentro de uma turma que, no início,
era só de estranhos.
(Estudante, C1)

Até a segunda etapa do Trezentos
eu não tinha nenhum conhecido na sala
para quem pudesse pedir ajuda.
O Trezentos não só ajuda na comunicação da turma,
como também ajuda na comunicação entre todos
os alunos da faculdade.
(Estudante, C2)

Isolamento

Prefiro ficar isolado,
mas o Trezentos me obrigou a sair da folha.
Algo bom, que apoio.
(Estudante, C2)

Conheci muitas pessoas e fiz novos amigos.
Antes, tinha apenas um amigo
na sala de aula.
(Estudante, C2)

Senti-me um pouco isolado,
até porque não sou aluno desse *campus*.
O Trezentos foi o principal meio
pelo qual pude conhecer colegas da turma
e me sentir mais à vontade para tirar dúvidas
sobre o que não havia entendido.
(Estudante, C2)

Algumas vezes nos sentimos sozinhos,
principalmente em uma faculdade onde
não temos turmas fixas e estamos fazendo
sempre aquele "rodízio".
O Trezentos é uma ótima oportunidade de interação
e foi por meio dele que fiz algumas amizades inesperadas.
Conheci até uma conterrânea
com quem nunca teria conversado
se não fosse pelo Trezentos.
(Estudante, C2)

Não me senti isolada em nenhum momento,
mas não se pode negar que o Trezentos
ampliou as amizades com pessoas
que não faziam parte do meu grupo.
Por exemplo, morei em uma minúscula cidade
no interior da Bahia e nunca imaginei
que encontraria alguém da região por aqui.

> Isso foi bem legal e me fez interagir
> com uma pessoa de realidade igual a minha,
> que talvez eu nem conheceria
> em outras circunstâncias.
> (Estudante, C2)

Diversidade

> Foi muito bom,
> aprendi bastante
> e conheci pessoas com quem jamais
> pensaria em conversar.
> (Estudante, C1)

> O Trezentos fez com que eu conhecesse pessoas
> com quem eu nunca conversaria,
> além de ter aprendido
> e ensinado muita coisa.
> (Estudante, C1)

> Foi excelente, de grande ajuda.
> Acredito que seu defeito é de não ser em todas as áreas.
> Por exemplo, já pensou em seis turmas com 100 alunos
> de cursos diferentes, que contêm matérias em comum, se conhecendo?
> Ou seja, aquilo não aprendido corretamente
> pode ser explicado por um aluno de outra turma,
> de outro curso, outro horário.
> (Estudante, C1)

> Foi possível fazer amizades
> nunca antes imaginadas
> e saber que no decorrer do curso
> também poderá contar com uma parte delas.
> (Estudante, C2)

> É muito bom tirar dúvidas em um grupo
> sem ser julgado

e é melhor ainda ensinar
e ajudar alguém.
(Estudante, C1)

As reuniões foram produtivas,
não conhecer as pessoas ajudou bastante
para que não perdêssemos
o foco.
(Estudante, C1)

Conhecer pessoas novas é sempre bom.
O contato com outros pontos de vista
e pensamentos é uma ótima oportunidade
de desenvolver a diversidade.
(Estudante, C2)

Medo

Foi algo motivador,
já que o terror
contado àqueles
que vão fazer a matéria
é o alto fator de reprovação.
Com o Trezentos,
o terror se transformou em motivação.
Foi muito bom ter participado.
É uma experiência inesquecível.
(Estudante, C1)

Iniciei a matéria com muito medo.
Fui mal no início, entrei no Trezentos Turbo
e agora consegui recuperar com uma boa nota.
Tudo isso graças ao Trezentos,
que não deixou o medo me consumir.
(Estudante, C1)

Realidade

O conceito do Trezentos é extraordinário.
Se não dependesse do ânimo,
disposição total
e união do grupo,
seria perfeito.
(Estudante, C1)

O Trezentos é uma ideia inovadora,
mas alguns alunos se aproveitam
de maneira negativa,
não se comprometem,
não aparecem nas reuniões
e não se interessam em ajudar
ou serem ajudados.
Fora isso,
tudo funciona muito bem.
(Estudante, C2)

As reuniões são boas,
mas em grande parte das vezes
os ajudados ficam tímidos e
não tiram dúvidas.
(Estudante, C2)

As reuniões foram produtivas,
mas falta algum tipo de estímulo para os ajudantes,
já que muitas vezes os ajudados têm dúvidas
e alguns ajudantes não ligam muito,
principalmente os alunos do Trezentos Turbo.
(Estudante, C1)

Fui ajudante e ajudada.
Quando fui ajudada,
gostei muito da atenção dos meus líderes,
um em particular sempre incentivava
o grupo a ir melhor,

tínhamos reuniões todos os dias.
Ou seja, não íamos por obrigação.
Em outro grupo,
o líder parecia impaciente na hora de responder,
mas eu acabava tenho ajuda
até mesmo dos ajudados
na mesma situação que a minha.
Quando fui ajudante,
tentei ao máximo incentivar
e fazer amizade com os ajudados
(alguns deram certo, outros não).
(Estudante, C2)

Nervosismo

Geralmente fico nervosa.
O Trezentos ajudou a aliviar.
(Estudante, C1)

Costumo ficar nervoso naturalmente.
Creio que a forma de avaliação,
sempre utilizada em escolas,
de uma única prova, já provocou
certo trauma em mim.
(Estudante, C2)

Costumo ficar extremamente
ansioso em provas,
o que por diversas vezes
me fez cometer erros
mesmo em conteúdos
que eu dominava.
O fato de eu ter
uma segunda oportunidade,
caso falhasse,
com certeza diminuiu
a intensidade de tal sentimento.
(Estudante, C2)

Eu fico nervosa.
Acredito que o Trezentos ajudou muito,
pois eu sabia o conteúdo,
mas na prova ficava nervosa
e esquecia.
Acredito que o Trezentos
é uma ótima oportunidade
para o aluno que não conseguiu mostrar
seu aprendizado na prova.
(Estudante, C2)

O Trezentos foi fundamental
para que pudesse aprender
de maneira mais tranquila.
(Estudante, C1)

Superação

Fiquei impressionado com o método.
Saber que uma nota baixa não me define
me deu motivação para estudar
e alcançar bons resultados.
Gostaria que os encontros
fossem mais longos.
(Estudante, C1)

Sem o Trezentos eu certamente
não conseguiria
ser aprovado em Cálculo 1,
e, pior, não aprenderia
de maneira consistente
a matéria, assim como algumas matérias durante
o meu ensino médio.
O Trezentos terá parte
da responsabilidade
caso eu consiga me formar algum dia.
(Estudante, C1)

O Trezentos me ajudou a estudar mais.
A experiência foi boa
e é um método essencialmente pedagógico
que veio para ajudar os estudantes a estudar
e a saber mais sobre os conteúdos da matéria,
com o objetivo de defender o aluno
em todos os aspectos.
(Estudante estrangeiro, C2)

Na minha opinião, todo ingressante
da UnB deveria fazer parte
do Trezentos em alguma matéria.
Quando ingressamos, ainda temos o espírito
competitivo dos vestibulares
porque passamos o ensino médio inteiro ouvindo
que o colega ao lado é nosso concorrente.
Com o Trezentos, entendemos
que podemos/devemos ajudar
e ser ajudado pelo colega ao lado.
O Trezentos me mostrou
que não tenho mais que superar meus colegas,
mas sim superar a mim mesmo.
(Estudante, C1)

Gratidão

É um método genial.
Colocar alunos que apresentaram um bom rendimento
diante das dificuldades daqueles
que apresentaram um rendimento não tão grande,
além de aprofundar o conhecimento de ambas as partes,
quebra o individualismo que, às vezes, é construído.
Para mim, foi um privilégio muito grande
poder ajudar as pessoas no que elas tiveram dificuldade,
ver que tinha alguém confiando e que, de algum modo,
o conhecimento que eu havia adquirido ao longo do semestre
já estava dando algum fruto,
mesmo que estivesse sendo colhido por outra pessoa.
(Estudante, C1)

É uma metodologia muito boa,
realmente funciona.
Deveria ser aplicada
em todas as matérias.
(Estudante, C1)

Foi muito diferente do que eu já tinha vivido.
Com o Trezentos, deu para perceber
que o professor realmente se importa é
com o aprendizado, e não com a nota.
(Estudante, C2)

Inspiração

Foi uma experiência exótica e,
de certa forma, prazerosa.
Desde o contato com colegas dispostos a ajudar
e serem ajudados
até o fato de existir melhora significativa
no desempenho do aluno.
(Estudante, C1)

Foi extremamente importante.
Realmente levou à prática
da democratização do ensino.
Sinto-me muito honrado em ter participado.
(Estudante, C2)

Foi
sensacional!
(Estudante, C1)

O método Trezentos é a ideia
mais inteligente que conheço,
pois utiliza como ideologia
um método que defende o aluno,
ou seja, é uma pedagogia em defesa do aluno.

Dessa forma, as pessoas conseguem
captar o conteúdo com mais facilidade.
(Estudante, C2)

Aprender ensinando

Foi excelente,
Pois, na P1, eu fiquei com 1,45
e fui terceiro ajudado.
Na P2, fiquei com 6,5,
e fui terceiro ajudante.
E, na P3, tirei 8,25
e fui o primeiro ajudante.
Graças ao Trezentos
eu pude ajudar e também ser ajudado,
até como ajudante a gente aprende duas vezes,
porque quem ensina pode aprender muito
quando explica o que sabe.
(Estudante, C1)

Como alguém que deseja ser professor,
o Trezentos é uma das melhores oportunidades
que tive para praticar.
Obrigado.
(Estudante, C1)

Motivava e criava situações que
favoreciam a otimização do estudo,
criando novos caminhos, novas maneiras
de ver e entender a matéria.
(Estudante, C1)

Foi uma ótima oportunidade de ajudar
meus colegas de sala, além de me ajudar a fixar
os conteúdos aprendidos e melhorar
a habilidade de explanação.
(Estudante, C1)

> Um método incrível! Uma experiência inusitada
> que me ajudou a ter um maior conhecimento em Cálculo 1,
> pois a melhor maneira de aprender
> é ensinando.
> (Estudante, C1)

Dimensões da ajuda (apenas ajudar)

> Fui apenas ajudante.
> O Trezentos proporcionou refinar
> meus estudos para ajudar os demais.
> Anteriormente, eu via
> o Trezentos apenas como uma prova
> para os que não se interessavam pela matéria,
> mas, ao passar pelo processo, vi que o método realmente
> ajuda os interessados que têm dificuldade de aprendizagem.
> (Estudante, C2)

> Eu tive a oportunidade de ser apenas ajudante.
> A experiência foi boa
> porque me ajudou
> a conseguir explicar melhor.
> Além disso, ver as pessoas que você ajudou
> melhorarem bastante
> é uma experiência muito boa.
> (Estudante, C1)

> Eu tive apenas a oportunidade de ser ajudante
> e confesso que me sentia mais preparada depois do Trezentos.
> Aprendi muito e cresci com as dúvidas do meu grupo
> e com as minhas também.
> Além disso, gostei muito de ajudar outras pessoas e confesso
> que, quando o resultado deles não foi tão bom,
> sentia-me como se tivesse, de certa forma, errado em algum ponto.
> No Trezentos da P2, pedi o *feedback* dos meus ajudados
> para saber o que errei e como poderia melhorar para o próximo.
> Perguntei para outros líderes que obtiveram melhor desempenho
> o que fizeram.

Acredito que ajudou a melhorar
o meu "liderar".
(Estudante, C2)

Dimensões da ajuda (ser ajudado)

Apenas ajudado, infelizmente.
Porém, durante todo o processo,
me identifiquei bastante com o Trezentos.
Ajudou muito, visto a extrema dificuldade
que tenho na matéria e os problemas pessoais.
O Trezentos me tranquilizou sobre tudo isso.
(Estudante, C2)

Fui ajudado nas três provas e foi muito importante para mim,
principalmente me incentivando a estudar
e a vir para a faculdade,
e até mesmo estudar para as outras matérias.
(Estudante, C2)

Dimensões da ajuda (ajudar e ser ajudado)

O Trezentos me ajudou muito, principalmente por fazer
a gente não se sentir perdido.
No primeiro, eu fui ajudada e aprendi muito mais o conteúdo.
No segundo e terceiro, fui ajudante, mas com nota mediana,
e isso foi bom, pois eu tive que aprender
o conteúdo direito para poder ensinar.
Ou seja, com o Trezentos, seja ajudante ou ajudado,
você aprende mais!
Ver que eu saí de ajudada para ajudante
e que as pessoas que ajudei melhoraram suas notas
é muito gratificante.
Com isso, você aprende a lógica do Trezentos,
defender o outro, pois assim você se defende também,
além de aprender a ensinar e trabalhar em grupo.
(Estudante, C1)

Fui ajudante e ajudada.
Ambas as situações foram de bastante aprendizado
e melhor fixação
do conteúdo.
Acredito que o Trezentos deveria ser aplicado
em todas as disciplinas em escala nacional,
já que não apenas ajuda quem se deu bem,
mas também promove a cooperação.
(Estudante, C2)

Tive a oportunidade de participar dos dois lados
e foi uma ótima experiência.
Além de ter a oportunidade de estudar mais,
você adquire um grau de responsabilidade diante
do grupo, tanto como ajudante
quanto ajudado.
Além de ver diferentes
pontos de vista com relação à matéria.
(Estudante, C2)

Pude ser
ajudante
em duas ocasiões e ajudado em outra.
Gostei bastante,
pois pude ver
um ponto de vista de aprendizagem
completamente
diferente
do meu.
(Estudante, C1)

Poder ajudar o meu colega
a aumentar sua nota é maravilhoso,
e saber que existem pessoas que se importam
com o meu aprendizado também!
O Trezentos funciona!
(Estudante, C1)

6

O Trezentos em contextos diversos

O método Trezentos surgiu no âmbito de uma disciplina ofertada no primeiro semestre para cursos de engenharia na qual havia historicamente um alto índice de reprovação, valendo acrescentar que os estudantes tinham disponibilidade e autonomia para os encontros.

O método foi divulgado por diversos meios, e isso possibilitou que novas questões fossem formuladas, nos levando a muitas considerações sobre o seu potencial em novas situações. No corpo deste capítulo, foi feito um esforço para sintetizar a maior parte dessas reflexões, discutindo e exemplificando possíveis caminhos.

As soluções que abordaremos envolvem cursos noturnos, educação básica, educação a distância, cursos com muito conteúdo ou modulares, cursos fundamentados em problemas ou projetos, utilização do método sem a supervisão de um professor, aplicação na área empresarial e na gestão pública, turmas sem ajudantes e turmas com excelência acadêmica.

Para cada um desses contextos, há algumas sugestões de uso ou flexibilização do Trezentos e, em alguns casos, com exemplos práticos. Recomendamos ao leitor interessado em algum desses contextos específicos que visite também as discussões feitas para as demais situações, de modo a se certificar de que não exista alguma proposta que seja mais adequada para sua realidade ou que o inspire a pensar em novas alternativas não descritas nesta obra.

60 Ricardo Fragelli

CURSOS NOTURNOS

O primeiro desafio que fugiu do contexto original foi a aplicação do Trezentos em cursos noturnos ou de meio período, nos quais os educandos teriam de dividir suas atividades diárias entre trabalho e estudo, com tempo reduzido para os encontros. Além disso, esse quadro poderia se agravar, por conta de os alunos não morarem todos na mesma cidade, o que se configura um obstáculo aos encontros presenciais.

Participação por adesão

Apesar de não ser minha abordagem preferida, uma oportunidade que se mostra bastante pragmática é realizar o método por adesão, promovendo uma pesquisa prévia e deixando livre a participação dos estudantes. Segundo pesquisas reconhecidas, a participação voluntária pode ser uma solução elegante para que o processo de cooperação tenha êxito (HAUERT et al., 2002).

Nesse sentido, o primeiro passo seria um diálogo com os interessados sobre os fundamentos do Trezentos, sua filosofia, quais as vantagens das atividades que envolvem cooperação e quais os resultados obtidos por outros cursos e instituições. A depender do grau de instrução e de maturidade dos educandos, é possível fazer uma leitura de artigos e depoimentos destacando a percepção daqueles que já participaram do método. Vídeos curtos e outras mídias que versem sobre cooperação e solidariedade e o método podem ser um bom caminho para proporcionar esclarecimento e motivação inicial.

Em cursos com as características mencionadas e que optaram por fazer uma pesquisa prévia, em geral, a adesão voluntária é alta, variando entre 60 e 90%, mas tende a crescer com a cultura de utilização do Trezentos.

Horários planejados

Há outras alternativas que são bastante interessantes, pelo fato de proporcionarem a participação de todos os educandos, como, por exemplo, o planejamento de horários semanais para os encontros dos grupos, podendo ser no horário das aulas do curso ou em horários planejados.

Como preparatório aos encontros realizados durante as aulas do curso, o professor deve especificar metas individuais diferenciadas para ajudantes e ajudados que serão cumpridas fora do ambiente escolar. Nos encontros presenciais, basta que sejam levantadas as dificuldades durante a realização das metas e que o grupo ajude em um melhor entendimento dessas questões. Entretanto, o professor pode optar por elaborar um roteiro com novas metas coletivas para as reuniões em sala de aula de modo a torná-las mais atraentes e produtivas, as quais devem ser solidárias, planejadas para que os estudantes possam interagir entre eles e explorar os conceitos a serem aprendidos, reavaliando, analisando, discutindo, fazendo correlações, produzindo novas soluções e resolvendo novos problemas.

Após cada reunião, novas metas individuais extraclasse são estipuladas, e um novo planejamento para o encontro do grupo deve ser feito. Esse par de metas individuais e coletivas é mantido até o dia da nova avaliação, sendo sugerido um mínimo de dois encontros, podendo ser intercalados com aulas sobre novos conteúdos, sem a reunião dos grupos.

Um roteiro simples para os encontros poderia envolver uma sequência similar à seguinte: apresentação das metas individuais, levantamento de dúvidas, discussão dos pontos mais relevantes, entrega de novos desafios pelo professor, resolução dos desafios e discussão. Nesse caso, a maturidade do grupo e a disposição devem ser levadas em consideração, em especial, dos ajudantes.

Um exemplo possível de metas individuais seria a resolução de uma lista de questões para os ajudados, e o desafio de elaborar uma lista com exercícios básicos para os ajudantes. No primeiro encontro em sala de aula, os educandos percorreriam a resolução feita pelos ajudados, debatendo os casos em que houver divergência ou que encontrarem erros. Nesse contexto, bastaria trabalhar questões simples e os respectivos conceitos prévios.

Ao final do primeiro encontro dos grupos em sala de aula, os ajudantes apresentariam suas listas, que seriam levadas para casa pelos ajudados. Como novas metas, estes teriam de resolver as listas elaboradas pelos ajudantes e também a antiga avaliação aplicada pelo professor, enquanto os ajudantes receberiam desafios desenvolvidos pelo professor.

No segundo encontro, os ajudados mostrariam as listas e suas resoluções, que seriam analisadas por todos os integrantes do grupo, havendo nova deliberação entre os participantes, dando destaque para as dúvidas e as falhas nas soluções propostas. O próximo passo seria o debate sobre a antiga avaliação seguida pelos desafios resolvidos pelos ajudantes. Ao final, o professor poderia especificar um novo problema a ser trabalhado pelo grupo.

A depender do público e do contexto, outra opção para os encontros seria a utilização de jogos sérios (*serious games*), ou seja, jogos com propósito, ou, ainda, de um roteiro mais bem detalhado, dinâmico e gamificado. A gamificação utiliza alguns elementos e a mecânica de jogos para aumentar o engajamento em algumas atividades, no nosso caso, nas relações interpessoais e nos estudos de alguns conceitos (CHOU, 2015; DETERDING et al., 2011; MCGONIGAL, 2011).

Se a decisão for pelo planejamento dos encontros com jogos educativos, é necessário que as experiências proporcionadas por eles sejam utilizadas em outros momentos, seja para as novas metas extraclasse, seja para os novos encontros do grupo. Para efeitos de exemplificação, consideremos um caso de estudo de verbos

62 Ricardo Fragelli

irregulares da língua inglesa em que, após a primeira avaliação, foram formados os grupos de colaboração e definidas as seguintes metas até o primeiro encontro: os ajudados devem corrigir todas as anotações feitas pelo professor na avaliação e também fazer o levantamento de cinco palavras que tenham correlação com seu cotidiano, enquanto os ajudantes devem encontrar dois verbos irregulares em uma reportagem escolhida pelo professor, fazer a tradução dos parágrafos em que se encontram tais verbos e fazer as respectivas conjugações no presente simples.

Desenvolvemos um roteiro possível que elaboramos para exemplificar o passo a passo de um encontro que utilize jogos ou elementos de jogos. Trata-se de uma experiência que intitulamos "Jogo de contexto", o qual será utilizado no primeiro encontro em sala de aula dessa nossa turma hipotética:

- Inicialmente, cada um dos ajudados mostra suas palavras e indica o porquê de terem correlação com sua vida pessoal. A cada nova palavra, os demais estudantes devem comentar se elas também têm alguma proximidade com sua vida pessoal ou de alguém da família.
- Após todas as palavras serem apresentadas pelos ajudados, cada um dos estudantes escolhe aquela, entre todas, que melhor representa sua vida pessoal, escrevendo-a em um papel, e dá-se início a um jogo de pontos.
- Pela facilidade de já haver um líder em cada grupo, este também será o primeiro líder da rodada. Cada aluno deve tentar acertar a palavra escolhida pelo líder da rodada, escrevendo-a em um papel. Depois, todos mostram suas palavras e aguardam a palavra escolhida pelo líder da rodada.
- Agora, o líder da rodada diz o porquê da escolha da palavra e, depois, a anuncia. Os estudantes que acertaram a palavra escolhida ganham 2 pontos e, para cada acerto, o líder da rodada ganha 1 ponto.
- O jogo continua com cada um dos estudantes sendo o líder da rodada.
- Seguindo o roteiro da aula, os ajudantes apresentam seus verbos irregulares, a tradução do parágrafo e a conjugação do verbo, enquanto os demais verificam se concordam ou não com a tradução feita e com a conjugação.
- Cada estudante escolhe um dos verbos apresentados e elabora uma frase na primeira pessoa do singular com a palavra que escolheu inicialmente e a escreve em um papel, sem que os demais a vejam.
- Novamente, o líder do grupo é também o primeiro líder da rodada, e todos devem tentar acertar sua frase, escrevendo-a em um pedaço de papel. Da mesma forma que a dinâmica feita com as palavras, o líder da rodada ganha 1 ponto para cada acerto, e cada um dos alunos que tiver acertado também ganha 2 pontos.
- Cada integrante do grupo deve ser líder da rodada e, ao final, faz-se a leitura de pontos.

Método Trezentos **63**

- O professor solicita que cada grupo faça o somatório de pontos de todos seus integrantes, e o grupo que fizer mais pontos ganha o jogo de contexto.
- Entretanto, o roteiro da aula ainda necessita de mais cooperação entre ajudantes e ajudados e, na segunda parte da aula, os ajudados mostram suas provas e as correções feitas, dando ênfase às questões em que tiveram maior dificuldade. Todos os estudantes devem discutir cada uma das questões, havendo liberdade para os grupos encontrarem uma ordem para o diálogo. Nesse momento, em geral, os estudantes trocam informações sobre dicas de estudo, materiais de apoio, identificam falhas de conceitos prévios, ensinam e aprendem.
- O roteiro do primeiro encontro termina com novas metas para casa.

A fim de exemplificar quais as possíveis metas para um próximo encontro, poderíamos definir que os ajudados seriam responsáveis por construir um jogo de cartas no estilo *flashcards* com as frases desenvolvidas na aula e também um mapa conceitual com as frases e verbos, enquanto cada um dos ajudantes deveria elaborar uma questão sobre o conteúdo a ser utilizada na próxima aula.

O objetivo de termos apresentado alguns exemplos de metas e roteiros era o de clarificar como seria possível aproveitar o Trezentos com encontros em sala de aula, e não sugerir como especificá-los, sendo que cada curso e público merecem atenção especial do educador para a criação de metas e roteiros próprios, devendo também estar em sintonia com o projeto pedagógico do curso e o estilo de ensino do professor.

Na maior parte dos casos, metas simples baseadas na primeira avaliação de aprendizagem devem ser o suficiente para que os educandos possam encontrar meios de se organizarem cooperativamente.

No âmbito das soluções com os horários em que os estudantes estão na instituição, outra proposta viável e que já fora aplicada com bons resultados é que os gestores assumam o compromisso de reservar horários para os encontros, planejando também espaços para essas atividades em grupo. Assim, não haveria obstáculo para as reuniões e a utilização do Trezentos seria a mesma do método original, não necessitando de roteiros ou da presença do professor nesses encontros.

Soluções tecnológicas

Nos casos em que haja impossibilidade para os encontros presenciais por motivos de incompatibilidade de horários, de trabalho ou de distância geográfica, é possível lançar mão de soluções tecnológicas para os encontros dos grupos. Existem várias opções de atividades síncronas, como *chats* e webconferências, ou assíncronas, como fórum, listas de discussão e correio eletrônico. Entretanto, por haver a necessidade de um maior envolvimento dos estudantes, vale realizar um bom trabalho prévio de motivação e entendimento sobre o método.

Para as webconferências, deve-se ter foco nas dificuldades específicas enfrentadas pelos ajudados na execução de suas metas individuais. Como já dissemos, estas devem ser pensadas como metas individuais solidárias, potencializadoras do diálogo e da compreensão.

As metas para os ajudantes podem envolver a elaboração de materiais que fomentem a aprendizagem durante os encontros *on-line* e outros para serem utilizados pelos ajudados fora do ambiente *on-line*. Um exemplo seria solicitar a concepção de um problema simples, a ser utilizado durante a webconferência, e outro mais complexo, ou com mais questões, a ser trabalhado pelos ajudados após o encontro virtual.

Uma boa solução deveria ser composta por atividades e ferramentas síncronas e assíncronas, as quais os educandos tivessem facilidade de acesso e, de preferência, que utilizassem com frequência.

As novas tecnologias de informação e comunicação devem ser utilizadas, inclusive para os casos em que os educandos não tenham dificuldades para os encontros dos grupos, servindo como potencializador da cooperação e provocador de possibilidades. Mesmo nos cursos em tempo integral, preferimos estipular encontros presenciais e virtuais dos grupos, além de incentivarmos a utilização de outras ferramentas de comunicação.

Primeira avaliação do curso

Se, por qualquer motivo, houver grande dificuldade em aplicar o método em todas as avaliações de um curso, é possível experimentá-lo em apenas uma delas e, caso seja essa a escolha, sugerimos utilizar na primeira das avaliações. Algumas instituições relataram que, seguindo por esse caminho, boa parte dos grupos se mantém, havendo prosseguimento das atividades de cooperação, mesmo sem o acompanhamento do professor.

Tais relatos estão em consonância com nossas próprias pesquisas, que mostram que, em matérias posteriores às nossas nas quais o método não era adotado, boa parte dos educandos havia criado um espírito de cooperação e de responsabilidade pelos colegas com dificuldades de aprendizagem. Além disso, tornaram-se mais resilientes, e boa parte indica ter "aprendido a aprender", havendo a construção de certa autonomia.

Apesar de a escolha de utilizar o Trezentos em apenas uma das avaliações ser uma opção viável e poder diminuir os casos de isolamento, em comparação aos métodos tradicionais, há uma perda significativa no potencial de descobertas e das experiências a serem vivenciadas, haja vista que não haverá a formação de novos grupos e, portanto, um estudante ajudado não poderá ter a experiência de ser ajudante, e vice-versa.

Um compêndio das soluções

Um bom caminho é realizar parte das ações sugeridas, em especial, verificando a adesão voluntária, analisando em quantas avaliações se deseja aplicar o Trezentos e considerando alguns encontros presenciais e outros com auxílio de tecnologia, podendo ser ou não no horário das aulas.

EDUCAÇÃO BÁSICA

Um dos maiores e melhores desafios foi a possibilidade do Trezentos na educação básica e, em especial, no ensino fundamental. Um percentual muito baixo dos jovens brasileiros acessa o ensino superior, e muitos há que desenvolvem grande aversão a determinadas áreas e ao próprio ambiente escolar, tendo sua formação pautada majoritariamente pela competitividade e pelo individualismo. A organização de grupos na escola, quando feita de modo natural pelos educandos, é baseada em semelhanças e afinidades, aumentando a sensação de isolamento e o desânimo daqueles que não fazem parte desses grupos.

Os estudantes excluídos não raro vão perdendo o interesse pela aprendizagem e se isolam cada vez mais, criando certa repulsa ao ambiente escolar. Para os que se sentem parte de algum grupo, muitas vezes reforçam apenas os hábitos, padrões e valores desse pequeno conjunto de pessoas, aprendendo e exercitando pouco sobre diversidade, empatia, tolerância e respeito.

Certa vez, tivemos um estudante com transtorno do espectro autista leve no nosso curso, e era fácil observar que não conseguia sequer manter uma conversa breve com os colegas. Após a primeira avaliação, esse educando se tornou líder de um dos grupos e, após duas semanas, as pessoas vinham naturalmente abraçá-lo em agradecimento pela ajuda no entendimento da temática. Certamente, a experiência de recuperação da nota associada à melhora da autoestima e do entusiasmo com a matéria observada nos alunos ajudados era muito boa, mas bem menor do que a experiência de se descobrir um novo mundo, algo que ainda não tinham olhos para ver. O contato com outras realidades possibilitou que os educandos diminuíssem suas reações de repulsa aos colegas que eram estranhos à primeira vista, conforme já observado quando discorremos sobre os resultados do método.

Em outra oportunidade, recebemos um estudante africano que trazia uma história recente de isolamento e de dificuldades em outro curso na nossa própria instituição, pois pouco falava o português e não conseguia acompanhar o desenvolvimento do conteúdo, mesmo tendo boa formação de conceitos básicos do seu ensino médio, feito na Bélgica. Ao participar de nosso curso, ele logo se tornou uma das principais personalidades da turma, principalmente após a formação dos grupos do Trezentos. A troca de informações durante e após os encontros vão além dos conceitos trabalhados, percorrendo um caminho indireto e natural para o entendimento do outro.

A escolha dos grupos pelo potencial de colaboração e a definição de papéis claros para ajudantes e ajudados deixa o espaço de atuação bem definido, e o estudante, mais confortável para explorar as oportunidades criadas na interação com o grupo.

Há, ainda, como justificar a aplicação do Trezentos na educação básica do ponto de vista motivacional. Enquanto os educandos que apresentam um bom rendimento inicial se sentem desafiados na tarefa de ajudar, aqueles que possuem temporariamente um baixo rendimento têm a oportunidade de resgatar a aprendizagem de conceitos, revisitando-os sob outra perspectiva e linguagem, reduzindo a possibilidade de aversão.

Quando nos encontramos em rodas de conversa com adultos, observamos pessoas com afinidades por áreas distintas, mas também vemos algumas com severa aversão a determinados campos do conhecimento, as quais não são simplesmente desinteressadas, pois quase sempre sentem horror e repugnância.

Entretanto, ao lançarmos um olhar atencioso para as crianças, entendemos melhor o processo de aprendizagem e como tornar as pessoas naturalmente mais interessadas por todas as áreas da ciência, mesmo tendo potencialidades distintas.

Ao observarmos uma criança no seu primeiro dia na escola, não notamos a mesma hostilidade do adulto. Na verdade, não há aversão a qualquer campo do conhecimento. Vemos apenas um ser repleto de curiosidade e cheio de porquês, com olhares transbordantes e vívidos. A história construída pelas experimentações na escola, ou pela falta delas, muitas vezes apequena a curiosidade, seca os olhos e rouba esses porquês. Quando encontramos uma pessoa crescida com aversão a matemática, física, química, português, geografia, história, filosofia ou qualquer outra área do conhecimento, podemos ver mais do que o adulto que se tornara. Veremos uma criança a quem foi negada descobrir, criar e admirar boa parte da ciência.

Assim, a educação básica talvez seja o melhor dos ambientes para valer-se de métodos como o Trezentos, tendo a oportunidade de iniciar a cooperação na sua formação mais básica e pura, multiplicando os porquês em diversas áreas, compartilhando potenciais, gostos, semelhanças e diferenças.

O Trezentos já foi empregado em escolas de ensino fundamental, e os professores geralmente relatam que os educandos se motivam muito ao poderem ajudar e ser ajudados pelos colegas. Contudo, o maior ganho é o de não ter nenhuma criança preterida na sala de aula. Como já dissemos, uma criança isolada certamente é um indivíduo que perde parte de si, diminui sua autoestima, reduz de forma drástica sua vontade de aprender e não se sente parte de grupo algum e do ambiente escolar, por vezes sugada pela desesperança.

Com metas bem planejadas, os educandos aprendem mais sobre o contexto dos colegas e identificam pontos em comum. Também têm a possibilidade de trabalhar o nervosismo e a ansiedade nas avaliações com esse sentimento de se fazer presente, visível, se elevando e levando consigo sua autoestima, ampliando sua liberdade e explorando corajosamente sua inquietude e sua curiosidade.

Quando nos aprofundamos nas mais diversas áreas, grande parte dos conceitos vão servindo de ancoradouro para o desenvolvimento de novos conceitos e proposições, e isso faz muitos estudantes serem naturalmente desestimulados quando ocorrem possíveis falhas na construção destes. Outro ponto de relevância é que boa parte dos educandos estuda apenas para as avaliações ou para o cumprimento das atividades de projetos, não havendo a oportunidade de estudar para ensinar o que já sabe, esforçando para descobrir novos esquemas e novas formas de motivar, sintetizar, explicar, exemplificar e contextualizar.

Um dos pontos de destaque do método é que os estudantes possam se misturar, aprendendo com suas diferenças e com os diversos pontos de vista. Cada um dos educandos tem um objetivo específico e importante para todo o grupo nas metas coletivas que serão realizadas nos encontros dos grupos. Mesmo para os alunos de cursos superiores, um dos aspectos observados é a oportunidade de resgate e ressignificação dos conceitos já aprendidos.

Todavia, existem certas particularidades na aplicação do Trezentos para a educação básica que devem ser levadas em consideração – e a primeira delas é a possível falta de autonomia para os encontros. Desse modo, eles podem ser realizados em horários planejados, sob a orientação de um professor nas turmas iniciais, avançando para encontros fora do ambiente escolar e sem supervisão, com o passar dos anos.

Horários planejados

A primeira solução é realizar os encontros nos horários em que os educandos já estariam na escola, devendo ser propostas metas individuais a serem cumpridas fora do horário da aula e outras, coletivas, para os encontros do grupo. Os encontros podem ser realizados durante as aulas, ou pode ser feito um planejamento de um momento exclusivo para essa atividade, como já ocorre em diversas escolas de tempo integral.

Do mesmo modo como acontece com os cursos superiores noturnos e afins, um bom roteiro pode facilitar o desenvolvimento das atividades, havendo maior interação com o conteúdo e com os integrantes do grupo.

Conforme sugerido em momento anterior, outro elemento que pode estimular ainda mais a participação dos estudantes em sala de aula é a existência de um jogo educativo ou de um roteiro gamificado, trazendo os elementos essenciais dos jogos, como novos desafios, percepção de progresso, engajamento e ludicidade. As próprias reuniões do grupo, com papéis e metas prévias definidas e em um ambiente de exploração novo, já compõem um quadro de gamificação, mas há a necessidade de manter esse aspecto estimulante e motivador ao longo das reuniões.

Novamente, de modo a suscitar novas ideias, e não com o objetivo de delimitar ou especificar como planejar tais encontros, vamos exemplificar um roteiro gamificado para um curso hipotético de história para estudantes do ensino fundamental, na qual fizeram uma avaliação sobre um fragmento da história do Egito.

Para os ajudados, a meta para casa foi a leitura de um texto básico sobre o tema, a partir da qual deveriam escrever em pedaços de papel os personagens principais. Cada um dos ajudantes ficou com a meta de pesquisar sobre um personagem importante da história do Egito, sorteado em sala de aula.

No primeiro encontro, cada grupo recebe um envelope fechado escrito "Confidencial", que só poderá ser aberto futuramente. O professor faz o contexto da experiência mostrando a imagem de um personagem famoso da história do Egito e que exerce influência em todo o mundo moderno, mas que não nascera no país. Além disso, durante todo esse primeiro encontro dos grupos, eles deverão descobrir quem é esse personagem.

Então, o envelope deve ser aberto pelo líder do grupo e lido para todos os integrantes, pois contém as primeiras instruções. Ao final da realização das metas de cada envelope, será entregue outro, em alusão à mecânica das fases de um jogo.

O primeiro envelope, por exemplo, poderia trazer as seguintes instruções:

- Os ajudados receberam um texto e escreveram em um papel os nomes dos personagens principais. Esses papéis devem ser dobrados e embaralhados.
- Os ajudantes receberam a meta de realizar uma pesquisa sobre um personagem, a qual deve estar sobre a mesa.
- Sorteie um dos papéis e apresente a todos do grupo.
- Cada um dos ajudados deve falar qual a importância desse personagem no texto lido.
- Depois, cada um dos ajudantes diz se esse personagem tem alguma relação com a pesquisa que fez e informa qual é, se for o caso.
- Quando os personagens tiverem alguma relação, devem ser agrupados.
- A experiência deve prosseguir até que todos os papéis sejam mostrados, e os personagens, correlacionados.
- Ao terminarem, avisem o professor.

Até esse momento, os educandos possuem vários personagens agrupados e reconhecem alguma correlação entre eles, com base em dois textos. O próximo envelope contém várias figuras de locais do Egito, duas cartas com o escrito "Dica" e as seguintes instruções:

- Pegue cada uma das figuras e a associe aos personagens. Todos os estudantes devem sugerir as associações feitas. Quando não concordarem, tentem chegar a um acordo.
- Se precisarem de alguma dica, podem utilizar a carta "Dica" que receberam.
- Ao terminarem, avisem o professor.

Se estiverem incorretas, o professor pergunta se desejam utilizar a carta "Dica". Se resolverem utilizar, o professor apresenta algum dos erros cometidos fazendo comentários sobre o porquê de estar incorreta. Os estudantes devem conversar novamente sobre as associações e chegar a um novo acordo.

Caso estejam corretas, o professor entregará o terceiro envelope, que contém algumas cartas com textos breves e as seguintes instruções:

- Vocês receberam algumas cartas, as quais devem ser distribuídas aos integrantes do grupo.
- Com as cartas recebidas, vocês descobrirão qual é o personagem oculto dessa história.
- Se tiverem alguma carta do tipo "Dica", podem trocar por aquelas com mais dicas quando considerarem conveniente.
- Ao descobrirem o nome do personagem oculto e qual a relação deste com os demais já encontrados, avisem o professor.

Se estiver correta a determinação do personagem oculto, o professor deve entregar o quarto e último envelope do primeiro encontro, com as seguintes instruções:

- Em uma folha em branco, sem mostrar aos demais estudantes, cada integrante deve escrever os nomes de todos os personagens, fazendo associações.
- Ao terminarem, mostrem uns aos outros, explicando os motivos para terem realizado tais associações.
- Com base no diálogo com os colegas, façam um único esquema de associações.
- Ao terminarem, avisem o professor.

O docente pode fazer um breve relato da experiência com os estudantes, falando um pouco sobre os personagens e deixando uma questão que os levará a um melhor entendimento sobre o personagem oculto: qual é a importância desse personagem para o mundo moderno?

Para as novas metas individuais extraclasse, cada ajudado deve fazer uma análise dos seus erros na primeira avaliação, descobrir se aparecem os personagens do encontro nessa avaliação, verificando, ainda, se há algumas questões relacionadas com o personagem oculto. Para os ajudantes, faz-se um sorteio de papéis em que estão escritas áreas como tecnologia, saúde, arte, construção, política, transporte e urbanização, nas quais deve ser pesquisada a importância desse personagem. Os ajudantes deverão resumir toda a pesquisa feita em apenas cinco linhas de texto e uma imagem ou objeto, elaborando também duas perguntas sobre o tema, que devem ser respondidas pelos ajudados do grupo.

No segundo encontro, os grupos podem iniciar o debate com base nas correções feitas pelos ajudados e dialogadas por todos do grupo, em especial, pelos ajudantes. Depois, debater com base nas pesquisas feitas pelos ajudantes para complementar o esquema do primeiro encontro, com exemplos sobre como esses personagens tiveram influência no mundo atual. Por fim, os ajudados levariam as questões feitas pelos ajudantes para serem analisadas e discutidas em outra oportunidade.

Se o leitor tiver algum interesse em saber mais sobre esse personagem oculto, tão importante na história do Egito e com influência em tantas áreas do mundo moderno, imagine os alunos! Quem não gostaria de explorar mais se o professor selecionasse um grande e diverso número de materiais composto por vídeos, objetos, artigos, livros, além de visitas correlacionadas com museus, presenciais ou virtuais?

Mas despertar o interesse com base nas metas especificadas e desafios não foi o mais importante para a aprendizagem. Eles construíram mapas conceituais para entender correlações entre pontos importantes!

Como destacamos anteriormente, no início de nossas pesquisas com os grupos de colaboração, muitos de nossos estudantes destacaram que aprenderam a aprender, de maneira natural, apenas com as etapas do método e as dicas de estudos trocadas com os colegas. Com esse resultado, verificamos que era essencial aproveitar a experiência para sugerir nas próprias metas algumas ferramentas para o estudo que poderiam dar maior autonomia em contextos futuros, como, por exemplo, pesquisa em diferentes fontes, elaboração de questões de avaliação, construção de resumos, *flashcards*, jogos educativos, mapas conceituais ou qualquer outro meio que o professor, pesquisador ou gestor tenha interesse em desenvolver ou considere importante para favorecer a aprendizagem.

À medida que se avança para os anos finais da educação básica, é possível trabalhar com roteiros mais genéricos ou até mesmo eliminá-los, deixando que os grupos encontrem por eles mesmos uma organização própria e a melhor forma de se ajudarem mutuamente com base nas metas estabelecidas.

Soluções tecnológicas

Outra potencialidade é a utilização das tecnologias de informação e comunicação para as atividades dos grupos. A troca de mensagens fora do ambiente escolar pode ampliar a ajuda entre os participantes, elucidando possíveis dúvidas e acrescentando sugestões de pesquisa, promovendo maior interação e aprendizagem.

Nesse sentido, é possível inserir, entre as metas, algumas atividades para serem realizadas nesse ambiente virtual, de modo a estimular o bom uso dessas tecnologias, uma vez que o público em questão já possui uma habilidade e um entusiasmo natural para os meios de comunicação mais modernos.

EDUCAÇÃO A DISTÂNCIA

A educação a distância (EaD) é um ambiente profícuo para o desenvolvimento de métodos cooperativos e, em especial, de libertação para o Trezentos. Uma das questões mais frequentemente formulada por professores, gestores e pesquisadores em todos os eventos de que participamos é sobre como utilizar o método na EaD e, é claro que a utilização de tecnologia para os encontros dos grupos é uma das grandes opções. Entretanto, há outros aspectos a considerar, tais como o perfil do educando e os meios que serão utilizados para informar, esclarecer, orientar, motivar, promover e manter a interação entre os participantes. Algumas instituições no País recorreram ao Trezentos nessa modalidade educativa com resultados semelhantes aos nossos.

Participação por adesão

Uma escolha possível para os cursos de EaD é realizar uma pesquisa prévia com os educandos, fazendo a participação por adesão. Entretanto, do mesmo modo que nos cursos noturnos, há de se realizar uma boa estratégia de esclarecimento e motivação antes de efetuar a pesquisa, de modo que os participantes possam fazer sua escolha com maior discernimento.

Vídeos, imagens, artigos, pequenos textos e outras mídias que trabalhem os fundamentos da cooperação e da solidariedade podem ser um bom caminho. Todavia, apresentar vídeos específicos sobre o método, deixando também à disposição dos interessados alguns dados ou artigos científicos, é fundamental para o sucesso da primeira experiência. Nos vídeos e demais materiais a serem utilizados, é bom ressaltar resultados já obtidos e depoimentos de educadores, tutores, educandos, gestores, *designers* educacionais e demais atores do processo educativo.

Mais importante de que em outras modalidades, um ponto de destaque é que tanto o educando quanto toda a equipe de EaD devem conhecer o nível de engajamento de todos os envolvidos.

Quando decidimos realizar a primeira experiência na disciplina de Cálculo 1 dos cursos de engenharia da Universidade de Brasília (UnB), havia um grupo que nos apoiava em atividades extraclasse e os convidei para ouvir minha primeira fala com os alunos, quando explicaria o método pela primeira vez. Apesar de nossa turma ser composta por um professor, vários colaboradores e muitos estudantes, éramos definitivamente um grande grupo integrado. Todos sabíamos de nossas funções e cooperávamos na expectativa do sucesso de todos os envolvidos.

No primeiro resultado do método, havia pessoas que me auxiliavam na correção das provas, e um dos colaboradores era responsável pela consolidação de todas as notas para minha conferência. Ainda não esqueço a mensagem digital que recebi desse colaborador sobre o primeiro resultado do Trezentos, com as notas anexadas. Uma mensagem simples, voluntária e emocionante que representava, para além dela mesma, talvez o nosso maior resultado: "O Trezentos funciona!".

Tínhamos o envolvimento de todos os 250 estudantes e um rendimento surpreendente dos ajudados, um aumento de 174% nas notas, mas havia algo muito mais importante do que a melhora no rendimento e estava implícito naquela pequena mensagem: a exclamação, a vontade, o espírito de grupo e a preocupação pelo outro. O engajamento não era somente dos estudantes, era de todos nós, formando, indubitavelmente, um grande grupo que cooperava para o sucesso daquela metodologia.

Portanto, se o objetivo é obter um grande envolvimento dos educandos, é necessário que todos os demais atores do processo educativo estejam verdadeiramente envolvidos e, nesse sentido, reuniões presenciais, mensagens de texto, vídeos e outros mecanismos de comunicação sobre a real participação desses atores são fundamentais.

Nos cursos de EaD em que se almeje sucesso contínuo com o Trezentos, deve haver, a partir da segunda experiência, um trabalho de divulgação dos resultados até que se torne uma cultura da instituição, com novas aplicações do método.

Soluções tecnológicas

Na EaD, o educando reserva uma determinada quantidade de horas diárias ou semanais para os estudos e para as demais atividades do curso. Contudo, apesar de, em boa parte das vezes, não haver um horário fixo, um fator positivo é o grande número de alunos que em geral participa dos cursos a distância, e essa característica pode proporcionar uma regra complementar para a construção dos grupos.

Um bom caminho seria a divisão dos estudantes de acordo com a disponibilidade de horários, avaliada por meio de questionários ou de gerenciamento dos acessos na plataforma *on-line*. Após essa fase, seriam formados os pequenos grupos de colaboração com disponibilidades compatíveis, conforme a metodologia do Trezentos. Um caminho alternativo seria a formação dos grupos e, depois, verificados pelos tutores os casos de falta de cumprimento de metas, com oferta de suporte.

Outro fator importante que pode incorrer no sucesso da experiência educativa com os grupos na EaD é a utilização de tecnologia que ofereça conferências síncronas e trocas de mensagens assíncronas, além do registro dos encontros e demais atividades do grupo de modo a estarem acessíveis a qualquer momento.

Durante os encontros pela plataforma *on-line*, as metas coletivas devem estar claras para todos os integrantes, podendo ou não ser desenvolvido um roteiro. No caso de não haver um roteiro mínimo para o encontro, a meta coletiva deve ser interessante o suficiente para promover o diálogo entre os integrantes do grupo e sua auto-organização, sendo o líder o responsável pelo controle de tempo e o motivador da participação de todos.

No caso da utilização de roteiros, estes podem ser divulgados antecipadamente pelo tutor do curso, ou, ainda, ter um destaque na tela com a meta a ser cumprida a cada momento do encontro virtual. É possível projetar também uma mescla entre os encontros virtuais e presenciais dos grupos.

CURSOS COM MUITO CONTEÚDO OU MODULARES

Outro questionamento frequente é acerca do tempo necessário para a utilização do método, em especial em cursos que envolvem uma grande quantidade de conceitos a serem trabalhados em um tempo relativamente curto, assim como para cursos com base em habilidades e competências em um prazo diminuto.

Nesses casos, é muito comum que os professores e coordenadores planejem suas ações com muita dificuldade para abordar todo o conteúdo desejado e, conforme visto, defendemos que, para cada avaliação de aprendizagem, seja feita uma reavaliação para os ajudados. Fazendo uma simples reflexão com base nas suas experiências, o professor chega facilmente à conclusão da inviabilidade do Trezentos em seus cursos. Entretanto, foi justamente nesse tipo de curso que o método teve origem!

Para analisar de modo mais consciente sua viabilidade em cursos densos, com muito conteúdo, deve-se adicionar um elemento à reflexão: o tempo de estudo fora do ambiente escolar e nos encontros dos grupos. O fato é que há uma troca da hora em sala de aula por um número muito maior de estudo individual e coletivo, possibilitando aproveitar melhor os momentos com o docente.

Fui professor da disciplina de Cálculo durante muitos anos e sempre cumpria o conteúdo esperado na gota do tempo, principalmente porque utilizava metodologias ativas que exigiam mais dinâmicas em sala para o seu desenvolvimento. Confesso que fui o primeiro cético do Trezentos! Como poderia realizar mais avaliações, se precisava de todo o tempo disponível das aulas?

Após a adoção do método em cada uma das três avaliações principais, consigo abordar todo o conteúdo esperado com mais qualidade e com várias horas livres. Afinal, pude organizar melhor meu tempo com os educandos e trocar cada hora em sala de aula, que teria de utilizar para a aplicação de uma nova avaliação, por 10 horas de estudos extraclasse em que os estudantes se reúnem ou estudam individualmente para o cumprimento das metas.

Ainda assim, caso o professor ou gestor tenha dúvidas sobre a viabilidade do Trezentos de modo integral nesses cursos, é possível fazer um primeiro teste, experimentando utilizá-lo em apenas uma das avaliações e, depois, com mais conforto, em um número maior de avaliações, nas turmas seguintes.

Se essa for a escolha, sugerimos aplicar o método na primeira das avaliações já planejadas para o curso, sendo que nossas pesquisas apontam que boa parte dos grupos tende a se manter nas demais avaliações. Outra possibilidade é realizar as novas avaliações do Trezentos em horários especiais, não havendo qualquer perda quanto ao número de horas em sala de aula.

Para cursos modulares, principalmente naqueles em que cada módulo é destinado a um professor, é possível empregar o método em todos ou em apenas um deles. Uma experiência interessante nesse sentido foi realizada em um curso de fisioterapia no qual a correção e a reavaliação deveriam ser feitas em tempo reduzido. A solução escolhida foi reduzir o prazo das metas, além de utilizar provas com correção facilitada, de modo que o resultado pudesse ser divulgado em poucas horas e os grupos iniciassem os encontros o quanto antes (FRAGELLI; FRAGELLI, 2016).

Os resultados mostraram que essa pode ser uma alternativa apropriada, possibilitando que os educandos se relacionem entre si e se aprofundem no conteúdo. Entretanto, os estudantes também relataram que, caso houvesse mais tempo para os encontros dos grupos, a experiência teria sido mais rica, desejando também que ela fosse replicada em disciplinas não modulares do curso.

APRENDIZAGEM BASEADA EM PROBLEMAS OU PROJETOS

A aprendizagem baseada em problemas ou projetos (em inglês, PBL) foi um dos grandes avanços para tornar a aprendizagem mais atraente e significativa, cujas iniciativas bem-sucedidas circundam o mundo (BARROWS, 1986; BENDER, 2014).

Nesse tipo de abordagem, quando bem planejada, os educandos em geral se sentem mais motivados a explorar contextos, buscar conhecimentos fora da matriz curricular e estruturar correlações mais duradouras entre conceitos. Entretanto, creio que também representa uma grande oportunidade para o Trezentos, de modo a potencializar a interação entre as equipes e compartilhar seus desafios, descobertas e aprendizagens, possibilitando que tenham uma oportunidade de melhorar os produtos finais, de aprender sob outras óticas e de ensinar o que aprenderam, além de fazê-los refletir, como uma atividade metacognitiva, sobre o próprio processo de aprendizagem.

Em todo curso cuja avaliação seja feita por meio de resultados obtidos por um grupo, é possível utilizar o método de algumas formas diferentes, a depender de como são elaboradas as equipes, o número de participantes e as funções atribuídas a cada integrante. A proposta mais genérica seria a formação de grupos contendo grupos, que chamaremos de supergrupos, compostos por grupos ajudados e grupos ajudantes.

Supergrupos

Para processos avaliativos com base em projetos ou em atividades em grupo em que é atribuída uma nota final para o resultado do projeto e em que as notas individuais são distribuídas apenas de acordo com o envolvimento de cada sujeito, é possível aplicar o método considerando a formação de supergrupos a cada etapa de avaliação do projeto, ou apenas com base no resultado do projeto final.

Por outro lado, se a avaliação dos aprendizes for realizada individualmente, por meio de suas funções dentro da equipe, sugerimos agrupar aqueles com competências ou funções similares e, depois, realizar o método em cada um desses agrupamentos, sobre cujo funcionamento discorreremos na seção "Habilidades e competências", a seguir. Por exemplo, se em cada equipe houver um líder, responsável por distribuir funções, motivar os participantes, organizar as atividades, gerenciar o tempo, amenizar conflitos e dialogar sobre plausíveis percursos de projeto, é possível fazer um Trezentos apenas com os líderes, por meio de suas avaliações e, depois, reavaliá-los com base em um prazo, para a melhora do projeto.

Se a opção for pela formação de supergrupos, o Trezentos poderia fortalecer o progresso em qualquer uma das etapas de desenvolvimento, mas consideraremos apenas sua utilização na fase final do projeto, de modo a elucidar um dos possíveis caminhos de aplicação. Se forem atribuídas notas finais aos projetos após a apresentação final ou bastando considerar a nota do grupo como sendo a média das notas de seus integrantes, um percurso possível teria as etapas apresentadas a seguir.

- **Formação dos supergrupos:** a lista de grupos seria ordenada com base nas notas dos grupos, da maior para a menor. A quantidade de supergrupos seria fundamentada na interação dos participantes dos grupos nesses supergrupos.

Ao se determinar a quantidade "n" de grupos, utiliza-se a mesma estratégia de escrever de 1 a n (apenas uma vez) e de n a 1 (repetidas vezes).

- **Definição dos grupos ajudados e dos grupos ajudantes:** seria determinada uma nota mínima para os grupos ajudantes, podendo ser a nota mínima satisfatória ou um patamar que se almeja atingir. Uma alternativa interessante seria utilizar a nota média dos grupos.
- **Fase de metas:** devem ser definidas metas para os integrantes dos grupos ajudantes e para os integrantes dos grupos ajudados, também estipulando um número de encontros presenciais com metas individuais e coletivas, as quais devem ser pensadas de modo a promover a melhora dos projetos dos grupos ajudados.
- **Fase de incorporação:** se cumpridas as metas estipuladas, os grupos ajudados passam à fase de incorporação. Durante a fase de metas, os projetos dos grupos ajudados vão sendo melhorados naturalmente com o apoio dos demais grupos do supergrupo. Entretanto, deve ter uma segunda fase, para a incorporação da ajuda recebida por meio das interações com outras pessoas e projetos.
- **Reavaliação:** após a reformulação dos projetos finais dos grupos ajudados, é feita uma nova avaliação destes. Os integrantes dos grupos ajudantes melhoram suas notas iniciais de acordo com a melhora do rendimento dos grupos ajudados e o envolvimento nessa melhora, mensurados por meio dos questionários de avaliação do nível de ajuda.

A Figura 6.1 apresenta um resumo básico do Trezentos aplicado a uma metodologia PBL.

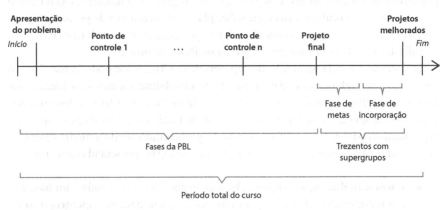

Figura 6.1 Trezentos na PBL.

Para avaliar a ajuda oferecida por um grupo ajudante, basta fazer uso dos questionários de ajuda aos integrantes dos grupos ajudados e dos grupos ajudantes, adotando-se o valor médio obtido.

Creio que essa alternativa de formação de supergrupos em metodologias do tipo PBL e similares seria bem aproveitada para melhorar os produtos finais e também para a formação acadêmica, além de divulgar os avanços de cada grupo entre seus pares, cuja visibilidade dos resultados obtidos dentro dos supergrupos serviria de estímulo para os educandos.

HABILIDADES E COMPETÊNCIAS

Outro avanço educacional certamente está em observar a aprendizagem como o desenvolvimento de habilidades e competências. Os primeiros passos nessa direção não são recentes, como se observou em 1973, quando David McClelland iniciou um debate sobre os testes de aptidão intelectual como meio de avaliação para o desempenho profissional, no qual defendeu que uma análise por competências poderia ser mais adequada. O termo evoluiu desde então, com visões distintas, a depender do tempo e das condições próprias de cada nação e, apesar das diversas interpretações sobre o tema, a avaliação por competências se tornou uma excelente alternativa com relação aos testes tradicionais sobre aquisição de conhecimentos (FLEURY; FLEURY, 2001; FRAGELLI; SHIMIZU, 2012). Independentemente da interpretação adotada, o fato é que surge uma avaliação fragmentada em elementos a serem evoluídos, e isso é o que importa para nossa aplicação.

Nesse contexto, em vez de verificar se um educando consegue resolver uma determinada questão, desenvolver um projeto ou analisar gramaticalmente uma oração, o avanço é percebido nas dimensões do "por quê" e do "como". Por que o educando precisaria resolver uma questão? Para resolvê-la, o que seria necessário conhecer e quais habilidades deveria desenvolver? Como avaliar tais habilidades?

Se esse for o percurso de aprendizagem utilizado em algum curso, há provavelmente uma lista de habilidades que, complementadas por conhecimentos e atitudes, geram uma competência em realizar algo. Esses conhecimentos e habilidades podem ser compartilhados e aprimorados por competências distintas.

Nesses casos, o Trezentos funcionaria de um modo muito peculiar, em que, para um mesmo grupo, um educando poderia receber as funções de ajudante e ajudado, concomitantemente. Ou seja, poderia ser ajudante em um determinado ponto e ajudado em outro.

Para compor os grupos, uma opção é associar uma pontuação a cada uma das habilidades, conhecimentos e atitudes a serem desenvolvidos até o momento da avaliação e fazer um somatório desses valores. Com base nesses resultados, seria realizada a formação dos grupos conforme a metodologia já explicada, podendo ou não haver uma readequação, de modo a ter o maior número de habilidades com ajudantes e ajudados.

Formados os grupos, devem ser estipuladas metas referentes aos pontos da avaliação realizada nos quais os educandos provavelmente irão se revezar nas funções de ajudantes e ajudados. Sugerimos a construção de uma lista com os objetivos, que dará mais elementos para os grupos planejarem os encontros e realizarem a correta distribuição das metas coletivas para os encontros. Outra possibilidade é sugerir quais metas deverão ser realizadas a cada encontro e quais deverão ser executadas individualmente, no período entre os encontros.

Após o prazo especificado para o cumprimento das metas, os estudantes serão avaliados apenas nos pontos em que tiveram baixo rendimento. Para aqueles que já apresentavam bom resultado, o aumento na avaliação será feito com base na melhora dos ajudados e no nível de ajuda oferecido, do mesmo modo que o Trezentos original.

TREZENTOS SEM PROFESSOR

Uma questão que nos causou inquietação surgiu em alguns momentos de diálogo com o público após palestras em escolas e universidades. Em algumas ocasiões, tais eventos eram abertos também aos estudantes, e alguns deles questionavam como utilizar o método caso o professor não estivesse disposto a adotá-lo em uma determinada disciplina. Em outros casos, os alunos não citavam esse problema e iam direto ao ponto: "Somos alunos, como podemos utilizar o Trezentos?".

Sempre defendi uma posição de integração e parceria harmoniosa entre educador e educandos. Minha defesa era que fizessem, inicialmente, uma apresentação da metodologia ao professor, discorrendo sobre possíveis formas de aplicação e verificando sua viabilidade, vantagens e desvantagens. Mas, após ampliar a reflexão sobre essa questão, percebi que a real intenção dos estudantes era a de ter maior autonomia e aplicar o método em um conteúdo qualquer, sem que fosse, necessariamente, uma disciplina curricular ou um curso formal. Aqui apresento uma perspectiva de como utilizar o método exposto neste livro a um grupo qualquer, sem a necessidade de um professor ou supervisor.

Inicialmente, deve-se ter um grupo de interessados em algum tema específico e determinar um prazo para o seu estudo. Para cursos universitários, uma boa medida seria considerar temáticas básicas para as disciplinas iniciais do curso ou que sejam amplamente utilizadas pelos profissionais da área. Em um curso da área da saúde, poderia ser algum tópico referente à biologia, nas áreas de exatas, algum conteúdo de matemática ou física básica, e assim por diante. Estendendo para um contexto maior, de um grupo qualquer formado por meio de redes sociais ou outro tipo de conexão, poderia ser qualquer tópico, desde os mais tradicionais aos mais singulares, como ufologia, línguas mortas ou as concepções de algum filósofo pouco conhecido.

Além disso, o grupo deve ter um ou mais coordenadores, que serão responsáveis pela organização das atividades, os quais deverão, inicialmente, descobrir bons materiais de estudo, tais como vídeos e livros. Além disso, será necessário desenvolver alguma forma de apreciação da aprendizagem, podendo, por exemplo, ser um banco de questões com respostas automáticas, algum projeto a ser realizado, ou uma apresentação final, a serem avaliados pelos próprios participantes, os quais poderão oferecer um retorno de avaliação individualizada.

O próximo passo a ser dado pelos coordenadores seria a divulgação da temática a ser estudada, combinando os prazos e a metodologia envolvida no estudo e formando a turma de interessados.

O grupo de estudantes, do qual os coordenadores também podem fazer parte, terá um tempo para o estudo do tópico com base nos materiais disponibilizados e, ao cabo dele, realizará uma avaliação, que dará início ao Trezentos. Com o resultado, os coordenadores irão compor os grupos de acordo com a metodologia já apresentada no Capítulo 2, devendo especificar as metas para os grupos, determinando um prazo para o cumprimento delas e verificando a nota que identifica ajudantes e ajudados.

Finalizado o prazo, os ajudados que houverem cumprido as metas realizam uma nova avaliação. Os ajudantes não refazem a avaliação, mas também não faz muito sentido terem apenas um aumento na nota inicial, já que o aumento na nota não é apenas uma forma justa de avaliação, é também incentivo para o trabalho realizado e uma forma de gratidão pelo engajamento solidário.

É claro que aquele que ensina aprenderá muito mais e, como observamos nos resultados, ver alguém do grupo melhorando é estimulante e gratificante. Entretanto, se houver outro tipo de estímulo mais objetivo, sem ser destoante (FESTINGER, 1957), dará um ânimo maior aos envolvidos. Existem várias formas de se fazer isso, como, por exemplo, firmar um acordo para uma confraternização entre todos os envolvidos ao final do prazo do curso, e todos dividiriam as despesas. Contudo, os ajudantes receberiam um desconto na contribuição financeira de acordo com o nível de melhora dos ajudados e de ajuda oferecida ao grupo. A Figura 6.2 sintetiza os passos sugeridos para a realização do Trezentos sem professor.

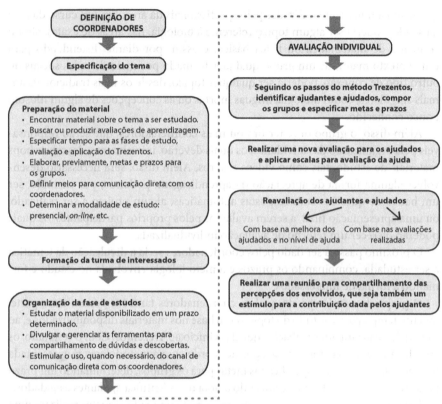

Figura 6.2 Trezentos sem professor.

ÁREA EMPRESARIAL E GESTÃO PÚBLICA

Mesmo havendo avanços na cooperação e na diversidade em empresas, sendo foco de diversas pesquisas e iniciativas, a área empresarial ainda é caracterizada por ser uma das mais competitivas e seletivas. Desse modo, como poderíamos aplicar uma metodologia pautada na colaboração e na construção de empatia entre seus participantes?

Basta ler *O príncipe*, de Nicolau Maquiavel, para se ter uma ideia de quais são os meios e as regras comumente utilizados para se obter e manter o poder desde a Antiguidade e qual o ambiente produzido por essas ações. Gostaríamos de defender uma visão diferente, de modo a proporcionar ao ambiente coorporativo menos solidão e abandono e mais humanidade, crescimento pessoal, virtude e ética, quando possível.

O mesmo núcleo teórico defendido em todo o corpo desta obra se mantém, entretanto, com um adendo realista e importante para o sucesso da experiência: tratando-se de um ambiente altamente seletivo, como resguardar os ajudantes de uma melhora significativa dos ajudados?

Trataremos especificamente desse problema mais adiante. Inicialmente, vamos apenas considerar um ambiente em que haja vários trabalhadores de uma mesma área, função ou cargo. As empresas geralmente são muito boas em analisar a produtividade ou eficiência dos trabalhadores, portanto, a avaliação individual, que é o ponto de partida do Trezentos, não é um problema. Em contrapartida, é prática comum dos gestores utilizar tais avaliações para substituir os trabalhadores ineficientes, ou seja, aqueles que não atingiram o mínimo considerado razoável pela empresa. No Trezentos empresarial, almejamos aumentar os índices e a autoestima daqueles com dificuldades e melhorar também os conhecimentos, as habilidades e o engajamento dos bons trabalhadores.

Para isso, formaremos grupos com os trabalhadores de acordo com a metodologia apresentada anteriormente e, do mesmo modo que o Trezentos acadêmico, as metas dos grupos devem ser diferenciadas para ajudantes e ajudados, para que interajam entre si, e explicitadas as habilidades e competências a serem dominadas. Especifica-se também um prazo para o cumprimento das metas dos grupos.

Os trabalhadores ajudados serão submetidos a uma nova avaliação e provavelmente terão uma melhora no rendimento de suas atividades laborais, além de conhecer melhor os colegas de trabalho, aumentando sua autoestima e o gosto por suas atividades, vislumbrando, talvez, novas oportunidades de crescimento dentro da empresa.

Os trabalhadores ajudantes deverão receber algum incentivo que dependa da melhora dos ajudados e do nível de envolvimento nesse progresso. Entretanto, é necessário que não seja apenas um incentivo temporário, haja vista que o ajudante possa projetar um receio de ser substituído pelo novo trabalhador ajudado, agora com melhor rendimento. Ou seja, pode haver situações em que um trabalhador sênior tema auxiliar um calouro, pois provavelmente recebe um maior retorno financeiro, devido ao tempo de serviço ou melhor rendimento. Sugerimos, então, outros tipos de incentivo, tais como estabilidade, premiações, reconhecimento e visibilidade.

A estabilidade é essencial para os trabalhadores ajudantes, tanto para o seu engajamento quanto para o sucesso a longo prazo desse tipo de ação cooperativa, haja vista que, com o tempo, novos trabalhadores que ingressarem no processo de colaboração saibam que a empresa tem uma cultura já estabelecida de reconhecer a solidariedade entre os funcionários.

A mesma situação pode valer para a gestão pública, seja em pequenas repartições ou em grandes organizações. Como exemplo, consideremos cidades que tenham uma forma de avaliação da segurança pública e nas quais também seja possível a identificação de um grupo contendo os principais responsáveis pelas ações nesse setor. Por meio da avaliação, serão formados os grupos de colaboração contendo grupos ajudantes e grupos ajudados, da mesma forma que os supergrupos na aprendizagem baseada em projetos.

Valem as mesmas etapas já conhecidas do Trezentos de especificar metas, prazos e nova avaliação. Após o prazo estabelecido para o cumprimento das metas, os grupos ajudados terão uma nova avaliação, enquanto os grupos ajudantes terão de receber algum tipo de benefício, seja financeiro, melhoria de instalações ou equipamentos, ou, ainda, maior visibilidade e reconhecimento.

TURMAS SEM AJUDANTES

Uma das possibilidades de cenários que mais nos instigou reflexões foram as turmas sem ajudantes, ou seja, após a avaliação da aprendizagem que dá início ao Trezentos, não há ajudantes suficientes para a formação dos grupos. O mais estranho é que, no diálogo com os professores de várias instituições, se mostrou uma questão menos rara do que deveria ou desejássemos. Afinal, se os grupos forem formados por cinco integrantes, por exemplo, para que se tenha um ajudante por grupo basta que 20% da turma tenha notas acima do mínimo satisfatório. Se esse número de educandos não for atingido, há de se refletir profundamente sobre esse panorama.

O primeiro aspecto a ser verificado é o processo de aprendizagem que os educandos estão envolvidos até o momento da primeira avaliação. Algumas boas alternativas estão em modificar o estilo da aula, em especial, realizando uma pesquisa junto aos estudantes sobre suas reais dificuldades, de maneira a alterar a construção e o desenvolvimento de novos conceitos, aproximando-se do contexto de vida dos educandos, problematizando ou introduzindo metodologias que promovam maior engajamento nas aulas (BACICH; MORAN, 2018; BARROWS, 1986; BENDER, 2014; BERGMANN; SAMS, 2012; FRAGELLI, 2014; FRAGELLI; FRAGELLI, 2017a; MAZUR, 2015).

Outra trilha a ser seguida é alterar a forma de avaliação. Nossas pesquisas mostram que boa parte dos alunos tem o rendimento prejudicado nas avaliações pelo nervosismo e ansiedade, sendo que um tempo estendido e um melhor acolhimento podem ter bons resultados. Outra alternativa que nos parece preciosa é utilizar avaliações que envolvam habilidades e competências e, desse modo, mesmo que todos os estudantes não atinjam o mínimo necessário por meio do somatório das habilidades, eles podem ser bons ou excelentes em algumas delas. Desse modo, será possível formar os grupos de colaboração do Trezentos, conforme descrevemos na seção "Habilidades e competências", possibilitando aos educandos que evoluam nas demais habilidades necessárias para o curso.

EXCELÊNCIA ACADÊMICA E SUPERDOTADOS

Para fomentar nossa última reflexão sobre o potencial da aprendizagem ativa e colaborativa, vamos seguir um caminho menos objetivo do que o adotado neste livro e pintar um quadro estranho, fluido e surreal. Para isso, utilizaremos uma tinta muito especial, que poderia apresentar-se com qualquer combinação de cores primárias e que alterasse, automaticamente, sua coloração e intensidade de acordo com o nível de desenvolvimento da qualidade a que for ligada. Tal substância miraculosa só pode ser tocada por um pincel especial, que conecta cada gotícula a uma característica humana.

Um único pintor imortal, artista de obra única, dá múltiplas pinceladas simultâneas a cada nascer no mundo, para cada indivíduo, correlacionando todas as potencialidades imagináveis de serem utilizadas e aprimoradas nessa nova vida. Na morte certa, as cores fracas perdem o tom e ficam cada vez mais enegrecidas com o passar do tempo, enquanto as mais fortes se destacam em meio a uma infinita borda negra para a qual migram todas as pequenas regiões que se despediram da vida.

O posicionamento dessa matriz de cores de cada indivíduo varia de acordo com uma ponderação entre as intencionalidades do artista e da pessoa. Portanto, matrizes vitais sem consciência e vontade próprias são totalmente levadas pela ação do ambiente e do eterno artista, entregues à própria sorte.

Dadas as condições de faixa etária, potenciais diversos, inteligências múltiplas, virtudes morais, habilidades e competências, são selecionados pelo quadro as mais brilhantes cores do que um curso poderia desejar. São educandos inteligentes, ousados, criativos, autodidatas, solidários, automotivados, conhecedores das melhores formas de estudar e com uma excelente formação básica em todos os conceitos e dimensões considerados necessários para o determinado curso. Os testes e as provas já não têm qualquer validade, pois a avaliação da aprendizagem seria facilmente realizada por simples inspeção da evolução das cores no quadro da vida. No âmbito desse curso, como um método conforme o explanado por diversas óticas neste livro poderia ter valor pedagógico?

O cético professor dessa turma não aceitou a ideia de se utilizar apenas as cores do quadro e aplicou uma avaliação escrita após o primeiro módulo do curso e o resultado foi peculiar. Todos acertaram pelo menos 93% das questões formuladas com alto nível de complexidade. Obviamente, é possível valer-se do método em notas altas, bastando considerar um patamar elevado. Entretanto, nesse caso hipotético, todos já atingiram a excelência, de acordo com a avaliação realizada.

Como já defendemos, o pior aluno precisa do melhor professor – e o melhor, também! Há algum modo de desenvolver uma aprendizagem ainda mais rica, significativa, edificante e abrangente para a turma dos melhores alunos que a humanidade já vira?

84 Ricardo Fragelli

Como podemos observar pelo propósito do quadro, as suas cores são diversas e temporais e, por conseguinte, cada um dos excelentes alunos tem, certamente, grande potencial de crescimento em sua matriz de cores, bastando provocar a curiosidade com situações e desafios adequados.

Um desafio passível de implementação em um contexto como o descrito é a utilização de uma PBL com o Trezentos, promovendo a formação de supergrupos, conforme já sugerimos. Os projetos mudam totalmente o caminhar do curso, e sua avaliação compõe elementos que não poderiam ser mensurados em uma prova escrita, indo um pouco mais na direção do vislumbrar das cores do nosso quadro. Os projetos certamente receberiam avaliações diferenciadas, e, desse modo, seria possível formar supergrupos com a média das notas sendo utilizada como parâmetro para grupos de ajudados e ajudantes.

Outro percurso educacional interessante é utilizar as cores do quadro que são pertinentes aos objetivos de aprendizagem do curso, como o desenvolvimento de habilidades e competências principais e complementares, e aplicar o Trezentos como também já fora explicado. Assim, cada grupo seria formado por meio do somatório das notas atribuídas a cada uma das avaliações de habilidades, conhecimentos, atitudes e demais características humanas que se almeja desenvolver. Em cada grupo, todos auxiliariam no desenvolvimento dessas "cores" e um mesmo educando poderia ser ajudante e ajudado, simultaneamente, ou seja, ajudado em uma cor e ajudante para o surgimento ou gradação de outra.

Por fim, uma audácia que pode elevar-se à mente seria aproveitar nossa turma de cores brilhantes para iluminar as demais espalhadas pelo quadro. A turma formara-se a partir dos mais dinâmicos e excelentes educandos, que dominam com facilidade os objetivos de aprendizagem propostos pelo curso. Desse modo, por que não aproveitar essa oportunidade singular para colocá-los em contato com outras cores?

É claro que o projeto a ser desenvolvido em uma metodologia do tipo PBL poderia manter uma correlação com as demais regiões de cores do quadro e, assim, iluminá-las-ia de algum modo, mas vamos seguir com outro propósito. Se já dominam a técnica para se motivarem ao estudo dos conceitos daquele curso, e acreditam ter as respostas para todas suas questões, como estimular outras pessoas no entendimento dessas questões, ou, ainda, encontrar respostas para novos problemas, jamais imaginados pelos alunos de excelência?

A própria avaliação da aprendizagem poderia compor tais elementos, em alternativa ou adição ao resultado da prova escrita feita anteriormente. Para isso, poderia compor ações com atividades de incursão desses alunos em outras realidades acadêmicas, ou, ainda, a realização de um Trezentos com diversos cursos colaborativos. O Trezentos multiacadêmico poderia ser viabilizado com a construção de grupos de colaboração de cursos e instituições distintas, com objetivos de aprendizagem compartilhados, promovendo uma maior diversidade de participantes. Outra possibilidade seria incluir os alunos de excelência como voluntários em casos de aplicação do Trezentos Turbo, ou seja, com mentoria. Independentemente do caso, o uso de tecnologias que facilitem os encontros também pode ser uma boa opção para potencializar a cooperação entre os participantes.

O mais interessante é que, nesse nosso panorama hipotético, o professor escolhera seguir uma dessas trilhas e, ao final do curso, foi até o eterno pintor verificar a composição final de sua turma, se estariam com matizes ainda mais coloridas e vibrantes. Ao ver o quadro, percebeu que seus alunos estavam muito mais iluminados, bem como em outras partes do quadro, pois as ações de sua turma excelente haviam deixado a obra ainda mais harmoniosa e reluzente. A certo ponto do diálogo, o pintor mostrou outra parte do gigantesco quadro na qual uma pequena região se destacava pelo seu brilho. Era o professor, que também havia desenvolvido novas tonalidades!

7

Recursos

Aqui estão disponibilizados alguns questionários e recursos que podem ser utilizados para aplicação e avaliação do Trezentos:

- Questionário de avaliação da ajuda, a ser respondido pelos ajudados.
- Exemplo de como aplicar o questionário de avaliação de ajuda aos ajudados.
- Questionário de avaliação da ajuda, a ser respondido pelos ajudantes.
- Exemplo de como aplicar o questionário de avaliação de ajuda aos ajudantes.
- Tabela para reavaliação dos ajudantes.
- Questionário de avaliação da interatividade, a ser respondido por todos os educandos, o qual não é aplicado no Trezentos original, sendo somente útil quando a reavaliação dos ajudados depende da interação com o grupo.
- Ações esperadas de ajudantes e ajudados, para ser um norte para os participantes da metodologia.
- Sugestão de questionário básico para avaliação sobre o Trezentos, a ser respondido pelos educandos ao final do curso.

MÉTODO TREZENTOS: AVALIAÇÃO DA AJUDA (QUESTIONÁRIO PARA OS AJUDADOS)

Distribua os ajudantes do seu grupo de acordo com o quanto lhe ajudaram no estudo do conteúdo.

Nome:				Grupo:
1 Ajudou nada	2 Ajudou pouco	3 Ajudou razoavelmente	4 Ajudou bastante	5 Ajudou muito

Nome:				Grupo:
1 Ajudou nada	2 Ajudou pouco	3 Ajudou razoavelmente	4 Ajudou bastante	5 Ajudou muito

Nome:				Grupo:
1 Ajudou nada	2 Ajudou pouco	3 Ajudou razoavelmente	4 Ajudou bastante	5 Ajudou muito

Nome:				Grupo:
1 Ajudou nada	2 Ajudou pouco	3 Ajudou razoavelmente	4 Ajudou bastante	5 Ajudou muito

Método Trezentos **89**

MÉTODO TREZENTOS: AVALIAÇÃO DA AJUDA (QUESTIONÁRIO PARA OS AJUDADOS – COMO APLICÁ-LO?)

Apenas os ajudados devem responder a este questionário. Não há ordem para preenchê-lo, e uma página pode ser utilizada por vários alunos, bastando inserir seu nome, grupo e distribuir os ajudantes do grupo.

Por exemplo, considere o grupo a seguir.

Nome	Nota	Grupo	Função
Galileu Galilei	9,30	4	Ajudante (líder)
René Descartes	8,80	4	Ajudante
James Maxwell	6,20	4	Ajudante
Albert Einstein	4,10	4	Ajudado
Marie Curie	2,70	4	Ajudado

Albert Einstein é um dos ajudados do grupo e poderia, hipoteticamente, responder ao questionário da seguinte forma:

Nome: Albert Einstein				Grupo: 4
1 Ajudou nada	2 Ajudou pouco	3 Ajudou razoavelmente	4 Ajudou bastante	5 Ajudou muito
		Galileu Galilei	**James Maxwell**	**René Descartes**

Marie Curie é a outra ajudada do grupo e poderia, somente a título de exemplificação, responder ao questionário da seguinte forma:

Nome: Marie Curie				Grupo: 4
1 Ajudou nada	2 Ajudou pouco	3 Ajudou razoavelmente	4 Ajudou bastante	5 Ajudou muito
		Galileu Galilei **James Maxwell**	**René Descartes**	

MÉTODO TREZENTOS: AVALIAÇÃO DA AJUDA (QUESTIONÁRIO PARA OS AJUDANTES)

Distribua os ajudados do seu grupo de acordo com o quanto você os ajudou no estudo da matéria.

Nome:				Grupo:
1 Ajudei nada	2 Ajudei pouco	3 Ajudei razoavelmente	4 Ajudei bastante	5 Ajudei muito

Nome:				Grupo:
1 Ajudei nada	2 Ajudei pouco	3 Ajudei razoavelmente	4 Ajudei bastante	5 Ajudei muito

Nome:				Grupo:
1 Ajudei nada	2 Ajudei pouco	3 Ajudei razoavelmente	4 Ajudei bastante	5 Ajudei muito

Nome:				Grupo:
1 Ajudei nada	2 Ajudei pouco	3 Ajudei razoavelmente	4 Ajudei bastante	5 Ajudei muito

MÉTODO TREZENTOS: AVALIAÇÃO DA AJUDA (QUESTIONÁRIO PARA OS AJUDANTES – COMO APLICÁ-LO?)

Apenas os ajudantes devem responder a este questionário. Do mesmo modo que no questionário para os ajudados, não é necessário utilizar qualquer ordem para preenchê-lo, e uma página pode ser respondida por vários alunos, bastando preencher com os dados de nome e de grupo e distribuir os ajudados.

Por exemplo, considere o seguinte grupo:

Nome	Nota	Grupo	Função
Galileu Galilei	9,30	4	Ajudante (líder)
René Descartes	8,80	4	Ajudante
James Maxwell	6,20	4	Ajudante
Albert Einstein	4,10	4	Ajudado
Marie Curie	2,70	4	Ajudado

Para este exemplo, Galileu Galilei, René Descartes e James Maxwell terão de responder aos questionários de ajuda dos ajudantes. Poderiam fazê-lo, hipoteticamente, do seguinte modo:

Nome: Galileu Galilei				Grupo: 4
1	2	3	4	5
Ajudei nada	Ajudei pouco	Ajudei razoavelmente	Ajudei bastante	Ajudei muito
		Albert Einstein		**Marie Curie**

Nome: René Descartes				Grupo: 4
1	2	3	4	5
Ajudei nada	Ajudei pouco	Ajudei razoavelmente	Ajudei bastante	Ajudei muito
			Albert Einstein **Marie Curie**	

Nome: James Maxwell				Grupo: 4
1	2	3	4	5
Ajudei nada	Ajudei pouco	Ajudei razoavelmente	Ajudei bastante	Ajudei muito
		Marie Curie	**Albert Einstein**	

MÉTODO TREZENTOS: TABELA PARA REAVALIAÇÃO DOS AJUDANTES

Escreva os critérios para o acréscimo de notas dos ajudantes, considerando a melhora do ajudado e o nível de ajuda. Para preencher esses dados, vale refletir sobre as questões a seguir.

- Qual é a nota considerada satisfatória?
- Qual é a nota considerada alta?
- Qual é a melhora de desempenho considerada significativa?
- Qual é o aumento médio da nota dos ajudados?
- Os ajudantes tiveram ganho de aprendizagem em níveis mais complexos?
- Além da cognição, outras dimensões de aprendizagem foram trabalhadas com o método – por exemplo, as dimensões afetiva e psicomotora?

Melhora do estudante ajudado	Nível de ajuda				
	1	2	3	4	5

Sugestão de tabela:

- N1: nota mínima para ser ajudante
- N2: nota considerada alta

Melhora do estudante ajudado	Nível de ajuda				
	1	2	3	4	5
Melhora de 0 a 1	0,00	0,25	0,25	0,50	0,50
Melhora maior do que 1 para uma nota final inferior a N1	0,00	0,25	0,25	0,50	0,50
Melhora maior do que 1 para uma nota final entre N1 e N2	0,00	0,25	0,50	0,75	1,00
Nota final igual ou superior a N2	0,00	0,25	0,50	1,00	1,50

* Os acréscimos foram estimados para um curso com notas de 0 a 10 pontos.

MÉTODO TREZENTOS: AVALIAÇÃO DA INTERATIVIDADE

Distribua os ajudados do seu grupo (inclusive você, se for o caso) de acordo com o quanto interagiram com os demais integrantes do grupo:

Nome:		Grupo:	
1 Quase não interagiu	2 Interagiu razoavelmente	3 Interagiu bastante	4 Interagiu muito

Nome:		Grupo:	
1 Quase não interagiu	2 Interagiu razoavelmente	3 Interagiu bastante	4 Interagiu muito

Nome:		Grupo:	
1 Quase não interagiu	2 Interagiu razoavelmente	3 Interagiu bastante	4 Interagiu muito

Nome:		Grupo:	
1 Quase não interagiu	2 Interagiu razoavelmente	3 Interagiu bastante	4 Interagiu muito

MÉTODO TREZENTOS: AÇÕES DE AJUDANTES E AJUDADOS

Durante os encontros dos grupos, todos se ajudam mutuamente. Em nossas pesquisas, os participantes mostram que o principal é o compartilhamento da ajuda, afinal, somos todos ajudantes e ajudados.

Entretanto, seguem algumas ações esperadas de ajudantes e ajudados.

Ajudantes

Os ajudantes devem sempre ter uma postura proativa para ajudar todos do grupo. Entre outras questões e opiniões, deve ser comum que formulem frases deste tipo:

- Você está com dúvida em alguma questão?
- No que posso ajudá-lo?
- Posso lhe passar uma nova questão?
- Você não tem dúvidas? Então, vamos resolver outra questão?
- O erro está nesse conceito. Vamos trabalhar mais nisso então!
- Você está seguro sobre isso?
- Alguém mais pode ajudar?
- Como você estuda esta matéria?
- Vocês entenderam este conceito?
- Que ideia interessante! Nunca pensei desta forma.

Ajudados

Espera-se que os ajudados estejam dispostos a aproveitar ao máximo a experiência e que também tenham uma postura proativa para ajudar e receber ajuda de todos do grupo. Deve ser comum que formulem frases parecidas com estas:

- Vocês entenderam este conceito?
- Vocês têm alguma dica de estudo?
- Você conhece mais alguma questão sobre este tema?
- Preciso de auxílio nisso. Você pode me ajudar?
- Não estou muito seguro sobre isso.
- Eu entendi de outra forma.

Todos

Os grupos são formados para que todos possam colaborar, afinal, são todos estudantes desejando melhorar o entendimento sobre um determinado tema. Desse modo, deve ser comum que todos estejam dispostos a criar uma interação construtiva, perguntando, respondendo, questionando, propondo novos caminhos de estudo, tendo responsabilidades individuais e como equipe.

Algumas frases esperadas de todos os participantes do Trezentos são:

- O que vocês entenderam sobre isto?
- Quando podemos nos reunir novamente?
- Que tal trabalharmos outras questões?
- Nunca pensei desta forma.

AVALIAÇÃO SOBRE O MÉTODO TREZENTOS

Disciplina:				
Professor:				
Aluno (opcional):				
Esta pesquisa tem por objetivo avaliar o método Trezentos utilizado durante este curso. Com a sua ajuda, poderemos divulgar nossos resultados e impressões para outros colaboradores e, principalmente, melhorar o Trezentos para a próxima turma!				
1. Idade: _____ anos 2. Sexo: ( ) Masculino ( ) Feminino 3. Sobre o método Trezentos, qual é a sua opinião sobre cada um dos itens seguintes? Marque apenas uma opção por linha.				

0 Não sei	1 Discordo totalmente	2 Discordo parcialmente	3 Concordo parcialmente	4 Concordo totalmente
Acredito que as reuniões foram boas oportunidades para o estudo.	0	1	2	3	4
Gostei de fazer parte de grupos diferentes a cada avaliação.	0	1	2	3	4
Saber que poderei refazer a avaliação se tirar uma nota baixa me deixa mais tranquilo na primeira prova.	0	1	2	3	4
Fico mais tranquilo para refazer a avaliação após o estudo com o grupo do Trezentos.	0	1	2	3	4
Sinto-me bem quando alguém ajudado por mim melhora sua nota.	0	1	2	3	4
Pude conhecer melhor os estudantes da minha turma por causa do Trezentos.	0	1	2	3	4
A ajuda que os integrantes do meu grupo ofereceram foi bem avaliada.	0	1	2	3	4
O Trezentos deveria ser utilizado em outras disciplinas.	0	1	2	3	4

4. Fale um pouco sobre as reuniões dos grupos. Elas foram boas oportunidades para o estudo? Tem alguma sugestão para melhorar os encontros?

5. Quais são os seus comentários finais sobre o Trezentos? Conte como foi a sua experiência.

Referências

ANDERSON, L. W.; KRATHWOHL, D. R. (Ed.). *A taxonomy for learning, teaching and assessing*: a revision of Bloom's taxonomy of educational objectives. New York: Longman, 2001.

ANDRADE, M. Eu sou trezentos. In: ANDRADE, M. *Poesias completas*. Belo Horizonte: Itatiaia, 2005.

BACICH, L.; MORAN. J. (Org.). *Metodologias ativas para uma educação inovadora*: uma abordagem teórico-prática. Porto Alegre: Penso, 2018.

BARROWS, H. S. A taxonomy of problem-based learning methods. *Medical Education*, v. 20, n. 6, p. 481–486, 1986.

BENDER, W. N. *Aprendizagem baseada em projetos*: educação diferenciada para o século XXI. Porto Alegre: Penso, 2014.

BERGMANN, J.; SAMS, A. *Flip your classroom*: reach every student in every class every day. Eugene: ISTE, 2012.

BLOOM, B. S. et al. *Taxonomy of educational objectives*. New York: David Mckay, 1956. v. 1.

CHOU, Y.-K. *Actionable gamification*: beyond points, badges, and leaderboards. Leanpub, 2015.

DETERDING, S. et al. From game design elements to gamefulness: defining "gamification". In: MINDTREK, 2011, Tampere. *Proceedings...* Tampere: MindTrek, 2011.

FEHR, E.; GÄCHTER, S. Fairness and retaliation: the economics of reciprocity. *Journal of Economic Perspectives*, v. 14, n. 3, p. 159–181, 2000.

FESTINGER, L. *A theory of cognitive dissonance*. Stanford: Stanford University, 1957.

FLEURY, M. T. L.; FLEURY, A. Construindo o conceito de competência. *Revista de Administração Contemporânea*, Curitiba, v. 5, p. 183–196, 2001.

FRAGELLI, R. R. Rei da derivada: um jogo de aprendizagem baseado em aprendizagem ativa. In: FIORENTINI, L. M. R. et al. *Estilos de aprendizagem, tecnologias e inovações na educação*. Brasília, DF: UnB, 2014. v. 1, p. 349–361.

FRAGELLI, R. R. Trezentos: aprendizagem ativa e colaborativa como uma alternativa ao problema da ansiedade em provas. *Revista Eletrônica Gestão e Saúde*, v. 6, p. 860–872, 2015.

FRAGELLI, R. R.; FRAGELLI, T. B. O. Summaê: um espaço criativo para aprendizagem. *Revista Diálogo Educacional*, v. 17, p. 409, 2017a.

FRAGELLI, R. R.; FRAGELLI, T. B. O. Trezentos: a dimensão humana do método. *Educar em Revista*, n. 63, p. 253–265, 2017b.

100 Referências

FRAGELLI, T. B. O.; FRAGELLI, R. R. Uma experiência de aplicação do método Trezentos na área da saúde. *Educação, Ciência e Saúde*, v. 3, n. 1, 2016.

FRAGELLI, T. B. O.; SHIMIZU, H. E. Competências profissionais em saúde pública: conceitos, origens, abordagens e aplicações. *Revista Brasileira de Enfermagem*, v. 65, n. 4, p. 667– 674, ago. 2012.

GARRISON, D. R.; KANUKA, H. Blended learning: uncovering its transformative potential in higher education. *The Internet and Higher Education*, v. 7, n. 2, p. 95–105, 2004.

HAUERT, C. et al. Synergy and discounting of cooperation in social dilemmas. *Journal of Theoretical Biology*, v. 239, n. 2, p. 195–202, 2006.

HAUERT, C. et al. Volunteering as red queen mechanism for cooperation in public goods games. *Science*, v. 296, n. 5570, p. 1129–1132, May 2002.

HORN, M. B.; STAKER, H. *Blended*: usando a inovação disruptiva para aprimorar a educação. Porto Alegre: Penso, 2015.

KAUL, I.; GRUNBERG, I.; STERN, M. (Ed.). *Global public goods*: international cooperation in the 21st century. New York: Oxford University, 1999.

MATLIN, M. W. *Psicologia cognitiva*. 5. ed. Rio de Janeiro: LTC, 2004.

MAZUR, E. *Peer instruction*: a revolução da aprendizagem ativa. Porto Alegre: Penso, 2015.

MCCLELLAND, D. C. Testing for competence rather than intelligence. *American Psychologist*, n. 28, p. 1–4, 1973.

MCGONIGAL, J. *Reality is broken*: why games make us better and how they can change the world. New York: Penguin, 2011.

MOREIRA, M. A. *Teorias de aprendizagem*. São Paulo: EPU, 1999.

MOTA, R. *A arte da educação*. Rio de Janeiro: Obliq, 2017.

NEWTON, L. *Overconfidence in the communication of intent*: heard and unheard melodies. 1990. Dissertation (Ph.D)–Stanford University, Stanford, 1990.

NIETZSCHE, F. *A gaia ciência*. São Paulo: Hemus, 1976a.

NIETZSCHE, F. *Assim falou Zaratustra*. São Paulo: Círculo do Livro, 1976b.

OHTSUKI, H. et al. A simple rule for the evolution of cooperation on graphs and social networks. *Nature*, v. 441, p. 502–505, 2006.

ROGERS, C. R. *Liberdade para aprender*. 2. ed. Belo Horizonte: Interlivros, 1973.

ROGERS, C. R. *Tornar-se pessoa*. São Paulo: Martins Fontes, 1991.

SARAMAGO, J. *Ensaio sobre a cegueira*. Lisboa: Caminho, 1995.

WIEMAN, C. The curse of knowledge, or why intuition about teaching often fails. *APS News*, v. 16, n. 10, 2007.

Isto não é o fim.
Nem mesmo é o começo do fim.
É talvez o fim do começo.
W. Churchill

Que comecemos a procura pelo melhor professor,
ainda oculto, virtuoso e inquieto, dentro de nós.
R. Fragelli